A CRIAÇÃO DA MARCA DOS 450 ANOS DA CIDADE MARAVILHOSA

O DESIGN POR TRÁS DA MARCA QUE É A CARA DOS CARIOCAS.

Este livro é um compilado histórico, jornalístico e didático sobre a marca Rio450, criada pela **Crama Design Estratégico**.

Por ser uma marca aberta e democrática, de uso livre em expressões artísticas, manifestações e replicações comerciais, tornou-se impossível apurar os créditos dos milhares de registros que encontramos pelas ruas e pela web. Assim, adotamos o seu mesmo princípio de liberdade de expressão para divulgar nestas páginas toda a criatividade e parceria que a marca inspirou.

Esta é a beleza do projeto: a marca Rio450 é de todos. É de quem quiser fazer parte dessa festa.

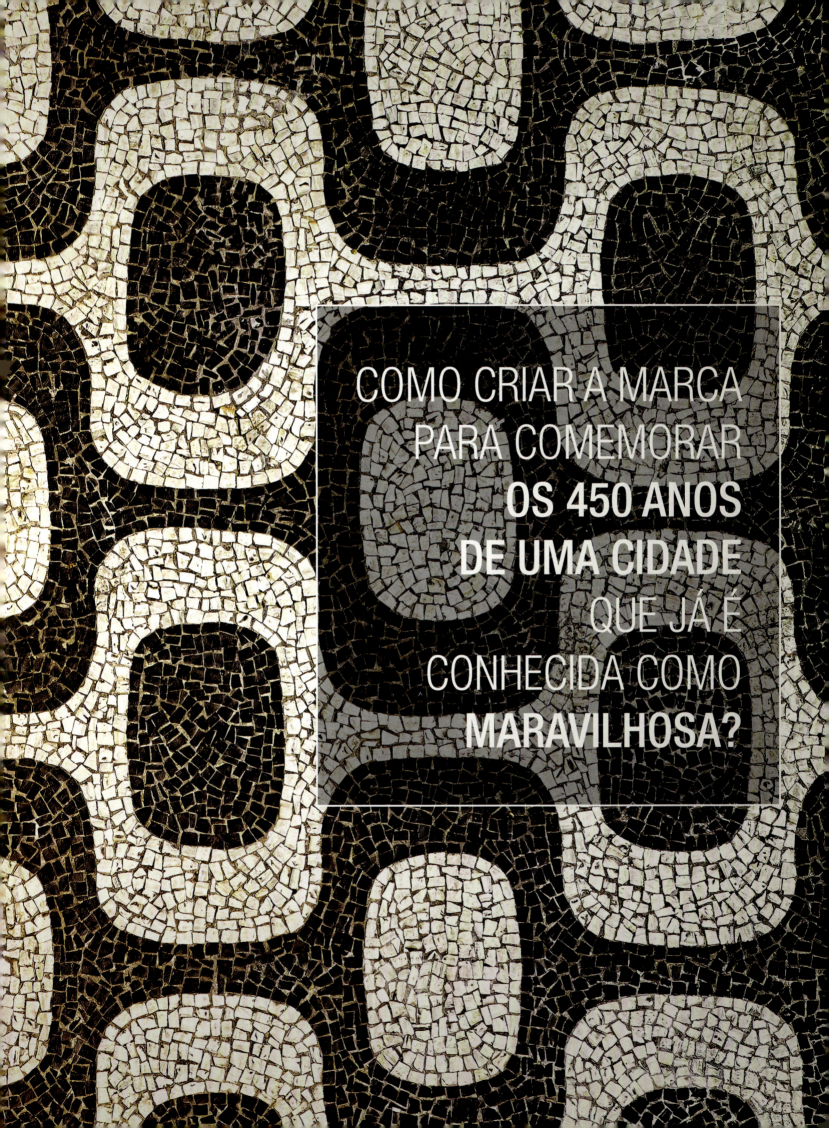

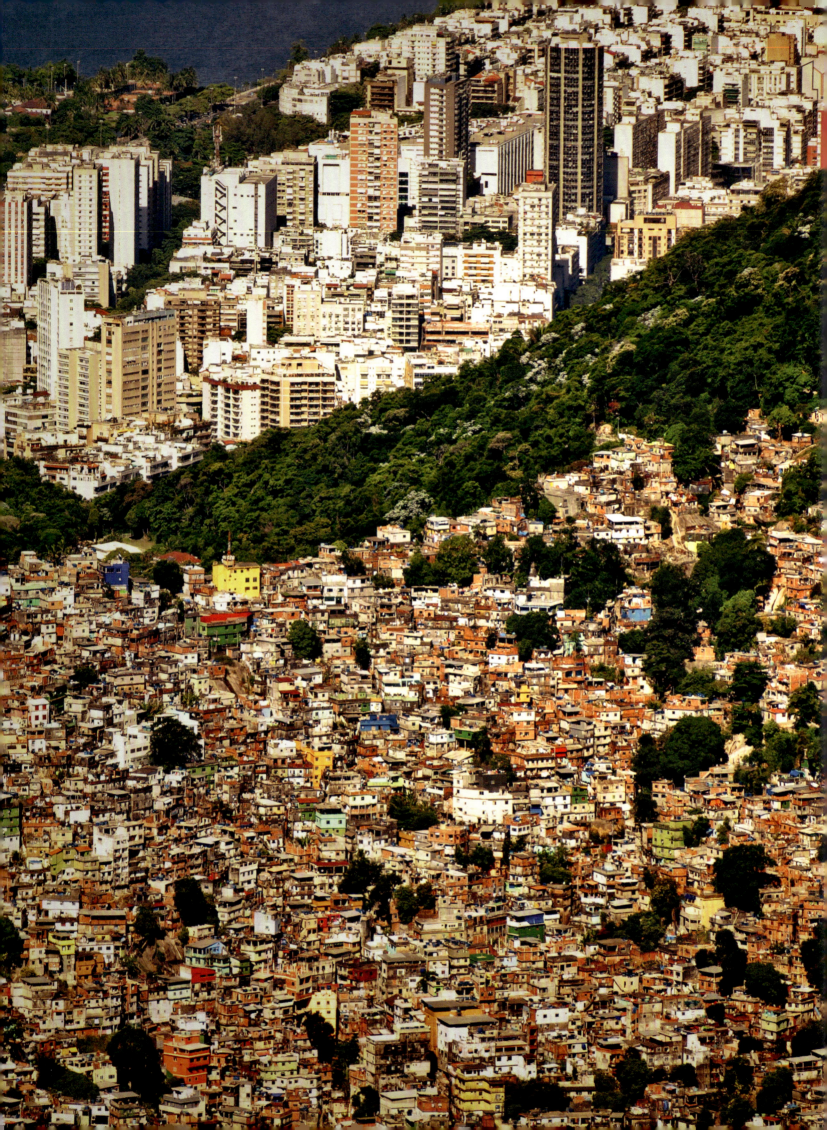

COMO REPRESENTAR **TODOS OS CARIOCAS** E, AO MESMO TEMPO, HOMENAGEAR **CADA UM DELES?**

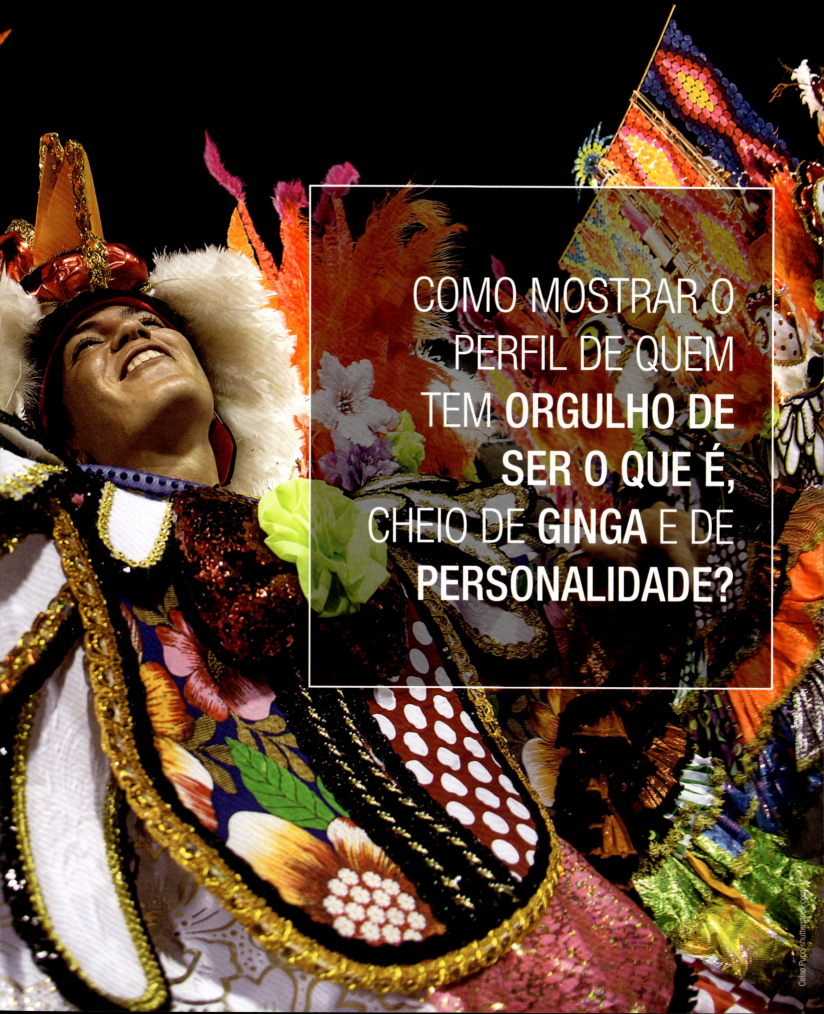

COMO MOSTRAR O PERFIL DE QUEM TEM **ORGULHO DE SER O QUE É**, CHEIO DE **GINGA** E DE **PERSONALIDADE?**

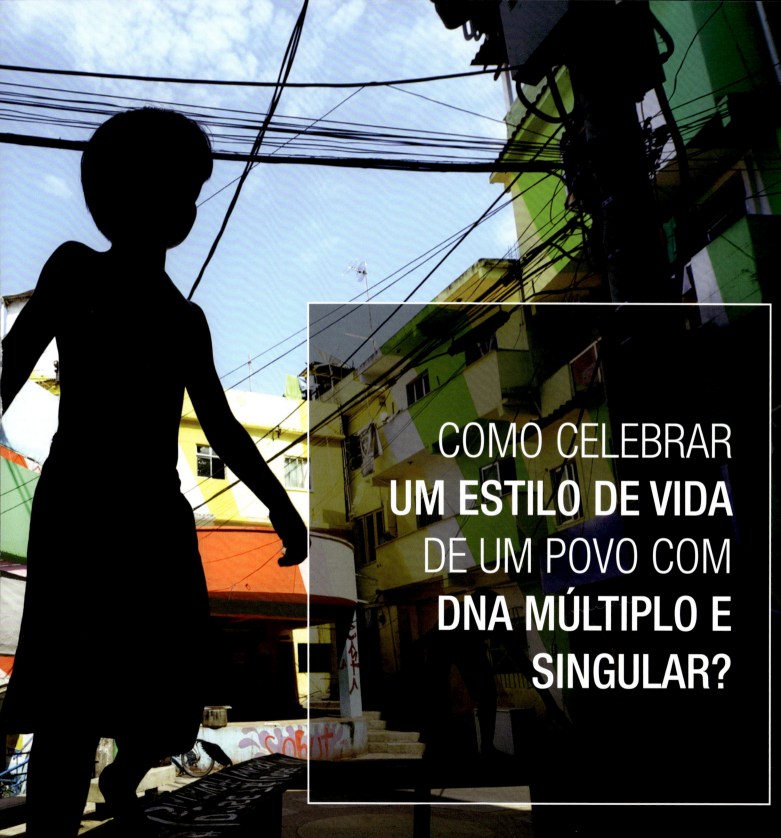

Rio450: a criação da marca dos 450 anos da Cidade Maravilhosa
© Crama Design Estratégico, 2015.

Direitos desta edição reservados ao
Serviço Nacional de Aprendizagem Comercial -
Administração Regional do Rio de Janeiro.

Vedada, nos termos da lei, a reprodução total
ou parcial deste livro.

SISTEMA FECOMÉRCIO RJ
SENAC RJ

Presidente do Conselho Regional do Senac RJ
Orlando Santos Diniz

Diretor de Negócios do Senac RJ
Marcelo Jose Salles de Almeida

Editora Senac Rio de Janeiro
Rua Pompeu Loureiro, 45/11º andar
Copacabana – Rio de Janeiro
CEP: 22061-000 – RJ
comercial.editora@rj.senac.br
editora@rj.senac.br
www.rj.senac.br/editora

Editora
Karine Fajardo

Prospecção
Emanuella Feix, Manuela Soares e Viviane Iria

Produção editorial
Ana Carolina Lins, Camila Simas, Cláudia Amorim, Jacqueline Gutierrez, Raphael Ribeiro e Thaís Pol

Texto
Erik Philipp e Ricardo Leite

Projeto gráfico
Crama Design Estratégico

Direção de design
Ricardo Leite

Design
Bruno Valentim

Impressão
Coan Indústria Gráfica Ltda.

1ª edição: dezembro de 2015

Fotos
Págs. 6/7 - Filipe Frazão/shutterstock.com; /Migel/shutterstock.com; Larissa Pereira/shutterstock.com.
Págs 8/9 - tupungato//shutterstock.com; Celso Pupo/shutterstock.com; dabldy/shutterstock.com; marchello74/shutterstock.com; BrazilPhoto/shutterstock.com; lazyllama/shutterstock.com; Iuliia Timofeeva/shutterstock.com; CHAINFOTO24/shutterstock.com.
Filipe Frazão/shutterstock.com; Jefferson Bernardes/shutterstock.com; A. Ricardo/shutterstock.com; Matyas Rehak/shutterstock.com.
Págs. 58/59 - lazyllama/shutterstock.com; Filipe Frazão /shutterstock.com; Migel /shutterstock.com; A. Ricardo /shutterstock.com.

CIP-BRASIL. CATALOGAÇÃO NA PUBLICAÇÃO
SINDICATO NACIONAL DOS EDITORES DE LIVROS, RJ

R452

    Rio450: a criação da marca dos 450 anos da Cidade Maravilhosa /[Crama Design Estratégico] - 1. ed. - Rio de Janeiro:
Ed. Senac Rio de Janeiro, 2015.
    196p. ; 30 cm.

ISBN 978-85-7756-339-5

    1. Marca de produtos - Rio de Janeiro - Aspectos sociais. 2. Rio de Janeiro (RJ) - Obras ilustradas. 3. Criatividade. I. Crama Design Estratégico (Firma).

15-29109   CDD: 658.827098153
CDU: 659.1(815.3)

A CRIAÇÃO DA MARCA DOS 450 ANOS DA CIDADE MARAVILHOSA

O DESIGN POR TRÁS DA MARCA QUE É A CARA DOS CARIOCAS.

um projeto
CRAMA DESIGN ESTRATÉGICO

Editora Senac Rio de Janeiro - 2015

És maravilhosa por natureza, de pais navegadores e mães guarani. Carioca da gema, de cores e da clara luz de quem respira à maresia.

Tuas formas envolvem quem chega, quem passa, quem vive, na ginga que desce o morro, no embalo da tua baía.

Já foste rainha de império europeu e primeira-dama dessa história, palco de tendências e novas ideias, hoje e sempre tens funções muito mais importantes que só viver de hierarquia.

És um caldeirão de emoções, que expressa as dores e os amores da tua gente; e tens neste teu povo a tua alegria e a marca de ser eterna inspiração.

RIO. QUE OUTRA CIDADE NO MUNDO TEM ESSA VOCAÇÃO TÃO NATURAL PARA O DESIGN?

RIO DE CURVAS, IDEIAS E SENSAÇÕES

RIO DE
**FORMAS,
FUNÇÕES
E EMOÇÕES**

Este livro é sobre a marca criada
para os 450 anos de uma cidade.
Mais que isso: é sobre como usar o design
para fazer com que todo um povo se sinta
parte dessa comemoração no seu dia a dia.
Esta história é sobre a construção da marca
Rio450 e se passa no Rio de Janeiro, no
coração e na expressão de cada carioca.

DESIGN É
FORMA, FUNÇÃO E EMOÇÃO.

SUMÁRIO

CAPÍTULO 1

FORMA ———— 26

30 _O CONCURSO

34 _UM DESAFIO CARIOCA

36 _O CONCEITO DA MARCA RIO450

54 _O PASSO A PASSO

CAPÍTULO 2

FUNÇÃO ———— 78

82 _ 50 ANOS ANTES

88 _AS MARCAS QUE PASSARAM PELO RIO

90 _OS DIAS ANTES DOS 450

94 _OS PORQUÊS DA MARCA RIO450

110 _DE TODOS E PARA TODO MUNDO

CAPÍTULO 3

EMOÇÃO —— 126

ENCERRAMENTO — 186

130 _VIVA A CARIOQUICE!

138 _SER CARIOCA FAZ PARTE DO NOSSO MUNDO

162 _JUNTOS E MISTURADOS PARA FAZER E CONTAR HISTÓRIA

172 _450 ANOS DE MUITA EXPRESSÃO

186 _UMA CARTA DO FUTURO

CAPÍTULO **1**

FORMA

O DESIGN FORMATA
O SIGNIFICADO
E REFORÇA
A MENSAGEM

CAPÍTULO 1 | **FORMA**

TODOS OS JEITOS DE SER CARIOCA

Neste cenário vivo, de tantos contornos e nuances, são muitos os ícones e símbolos que inspirariam a gente. Poderia ser o Pão de Açúcar. O Cristo. A Lagoa. Ou tudo junto. Mas qual seria a cara do Rio de hoje? O que seria capaz de dizer algo realmente novo? Na busca da forma perfeita, **só havia uma certeza: a de representar todos os jeitos de ser carioca.**

CAPÍTULO 1 | FORMA

O CONCURSO

Ao longo de 2014, em meio à euforia de uma Copa do Mundo sediada no Brasil e à tensão de movimentos políticos que corriam todo o país, a Prefeitura do Rio de Janeiro lançou um desafio histórico: um concurso para criar a marca dos 450 anos da cidade, que seriam comemorados no ano seguinte. Os melhores escritórios e designers participaram do processo de seleção, que durou meses.

> **O COMITÊ RIO450** CONVIDA A COMUNIDADE DE DESIGNERS PARA PARTICIPAR DO CONCURSO DA MARCA DE ANIVERSÁRIO DOS 450 ANOS DA CIDADE DO RIO DE JANEIRO.

"AS OPORTUNIDADES SÃO CONCEBER A MARCA DO GRANDE EVENTO DE 2015, DEIXANDO REGISTRADO O FEITO DE TER DESENHADO A MARCA DOS 450 ANOS DA CIDADE, E TORNAR-SE REFERÊNCIA NA MATÉRIA."

"CIDADES SÃO MUITO MAIS QUE APENAS O SOMATÓRIO DE RUAS, PRAÇAS, PRÉDIOS E ESQUINAS. O MAIS SIGNIFICATIVO PATRIMÔNIO DE UM LUGAR, DE UM BAIRRO, DE UMA ALDEIA ENCERRA-SE NAS EXPERIÊNCIAS INTANGÍVEIS, EM SUAS INVENÇÕES E CONQUISTAS; SEUS FRACASSOS, RITOS E MITOS. É O QUE SOBREVIVE POR GERAÇÕES E GERAÇÕES, QUE FAZ DO CARIOCA UM CARIOCA. ESTÁ NOS NOSSOS HÁBITOS MAIS CORRIQUEIROS, DO JEITO DE FALAR AO QUE COMEMOS."

Trechos do edital do concurso para criação da marca Rio450

"A CIDADE DO RIO DE JANEIRO CONVIVE COM DIFERENÇAS QUE SERVIRAM DE MOLA PROPULSORA PARA O DESENVOLVIMENTO HISTÓRICO DA CIDADE: O CENTRO E A PERIFERIA, A ALEGRIA E A MELANCOLIA, O ERUDITO E O POPULAR, A TRADIÇÃO E INOVAÇÃO."

"OS DESAFIOS SÃO REFLETIR, GRAFICAMENTE, COMO EM 1965, O ENTUSIASMO E O ORGULHO DO CARIOCA COM A SUA CIDADE, SEU ESPÍRITO E AS MATRIZES CONCEITUAIS ESTABELECIDAS NO PRESENTE EDITAL; (...) CONCEBER UMA MARCA QUE DESEMPENHE PAPEL FUNDAMENTAL NO CALENDÁRIO HISTÓRICO DA CIDADE, E QUE IGUALE O ÊXITO ATINGIDO PELO FENÔMENO DA MARCA DO IV CENTENÁRIO: UMA TRADUÇÃO GRÁFICA QUE CONTEMPLE DE MANEIRA 'SIMPLES' A COMPLEXIDADE DO SEU CONCEITO, E QUE SE COMUNIQUE COM TODOS OS PÚBLICOS, CONTEMPLADA A NECESSIDADE DE QUE SEJA FACILMENTE REPRODUZIDA PELOS CIDADÃOS (...)"

Trechos do edital do concurso para criação da marca Rio450

CAPÍTULO 1 | **FORMA**

UM DESAFIO CARIOCA

ESCOLHIDA POR UM JÚRI FORMADO POR REPRESENTANTES DA PREFEITURA DO RIO, ARTISTAS PLÁSTICOS E DESIGNERS RENOMADOS, A MARCA VENCEDORA FOI A CRIADA PELA AGÊNCIA **CRAMA DESIGN ESTRATÉGICO**, LIDERADA PELO DESIGNER E PROFESSOR CARIOCA **RICARDO LEITE.**

A comissão julgadora do concurso da marca dos 450 anos do Rio, formada pelo professor **Joaquim Redig** (PUC-Rio), pelo diplomata **Marcelo Calero**, presidente do Comitê Rio450, pelo artista plástico **Angelo Venosa,** pelo arquiteto **Washington Fajardo**, presidente do Instituto Rio Patrimônio da Humanidade, pelo professor **Bruno Porto** (UnB), pelo publicitário **André Eppinghaus** (Prole) e pela professora **Evelyn Grumach** (PUC-Rio).

CARA A CARA COM A MARCA

Talvez a maior barreira do processo criativo tenha sido fugir do lugar-comum de ícones como o Pão de Açúcar, o calçadão ou a praia, e desenhar uma marca simples que remetesse ao cidadão carioca em toda a sua diversidade étnica, social e cultural.
Era preciso uma expressão que identificasse a beleza de cada um e a riqueza de todos juntos e misturados. Uma marca que pudesse motivar e engajar mais de 6 milhões de pessoas numa festa que comemora muito mais que 450 anos: celebra o orgulho de ser quem somos.

CAPÍTULO 1 | **FORMA**

O CONCEITO
DA MARCA
RIO450

Workshops da equipe da Crama durante o processo criativo da marca Rio450.

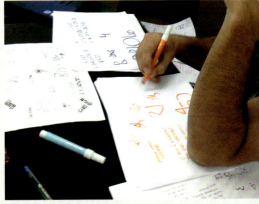

A marca e a identidade visual Rio450 foram desenvolvidas com base em um **método interdisciplinar de criação** que reuniu profissionais de diferentes *expertises*. Esse método estimulou a maior **troca de ideias e soluções** entre atividades complementares da equipe da **Crama Design**, conferindo mais originalidade e consistência ao projeto.

> „ **ERA UMA EQUIPE GIGANTE, DE DIVERSAS ÁREAS: CRIAÇÃO GRÁFICA, COMUNICAÇÃO, ESTRATÉGIA, ARQUITETURA, PLANEJAMENTO, DESIGN DE PRODUTO, MOTION DESIGN...** "
>
> **Ricardo Leite,** Diretor de Criação da equipe da marca Rio450

Não por coincidência, o resultado final da marca Rio450 conseguiu refletir seu conceito de **marca aberta**, assim como o **espírito de colaboração e interação** de seu próprio processo criativo.

Acredito que todo patrimônio cultural nasce como design – o projeto. Talvez esse conceito seja mais facilmente percebido para o patrimônio edificado, pois raramente um edifício sem intenção vira, um dia, bem cultural. Entretanto até as manifestações imateriais são organizadas em lógicas de construção de signos, de otimização de recursos, de fortalecimento de marcas e sentidos para que possam perdurar e criar laços com as pessoas. Por isso criamos, dentro do Instituto Rio Patrimônio da Humanidade, o Centro Carioca de Design e, desde então, temos promovido o design como valor cultural fundamental para a cidade, seja por meio de eventos, exposições, debates, seja por concursos.

Quando da proximidade dos 450 anos da cidade, não tínhamos dúvida da necessidade de preparar um concurso que também fosse inspirado por aquele realizado no quarto centenário, para a marca da celebração.

A adesão dos designers foi total. Tivemos 28 apresentações de portfólio e foram selecionados cinco finalistas que desenvolveram um total de dez propostas de marcas.

A marca apresentada pela Crama conseguiu sintetizar tudo o que o edital solicitava: um signo gráfico capaz de unir os cariocas, dentro da sua diversidade e dos seus distintos territórios, no espírito da celebração dos 450 anos do Rio. Uma imagem que concentrasse carioquice, mas que fosse também de grande excelência gráfica. E a proposta da Crama não apenas gabaritou os desafios como já virou um dos ícones de adoração dos cariocas!

Washington Fajardo,
Arquiteto, Urbanista e Presidente do
Instituto Rio Patrimônio da Humanidade

> **A MARCA APRESENTADA PELA CRAMA CONSEGUIU SINTETIZAR TUDO O QUE O EDITAL SOLICITAVA:** UM SIGNO GRÁFICO CAPAZ DE UNIR OS CARIOCAS, DENTRO DA SUA DIVERSIDADE E DOS SEUS DISTINTOS TERRITÓRIOS.

CAPÍTULO 1 | **FORMA**

O CAMINHO CONCEITUAL
ATÉ A MARCA.

RIO450
UMA **MARCA ABERTA** PARA UMA SOCIEDADE EM REDE

OLHE AO SEU REDOR: REDES MAIS DISTRIBUÍDAS QUE CENTRALIZADAS FAZEM PARTE DA SUA VIDA.

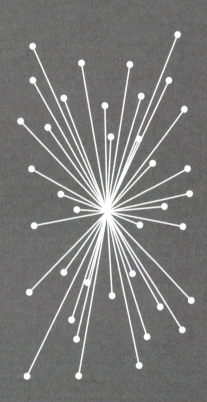

CENTRALIZADO

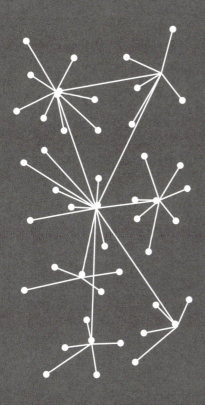

DESCENTRALIZADO   DISTRIBUÍDO

Antigamente, as sociedades se desdobravam em modelos de rede mais concentrados, em que tudo dependia de um ponto central. Com a evolução das comunicações, as interfaces foram aumentando e surgiram outras fontes de conteúdo. **Hoje a troca de informação é muito maior, e a disseminação do conhecimento percorre caminhos múltiplos.**

CAPÍTULO 1 | FORMA

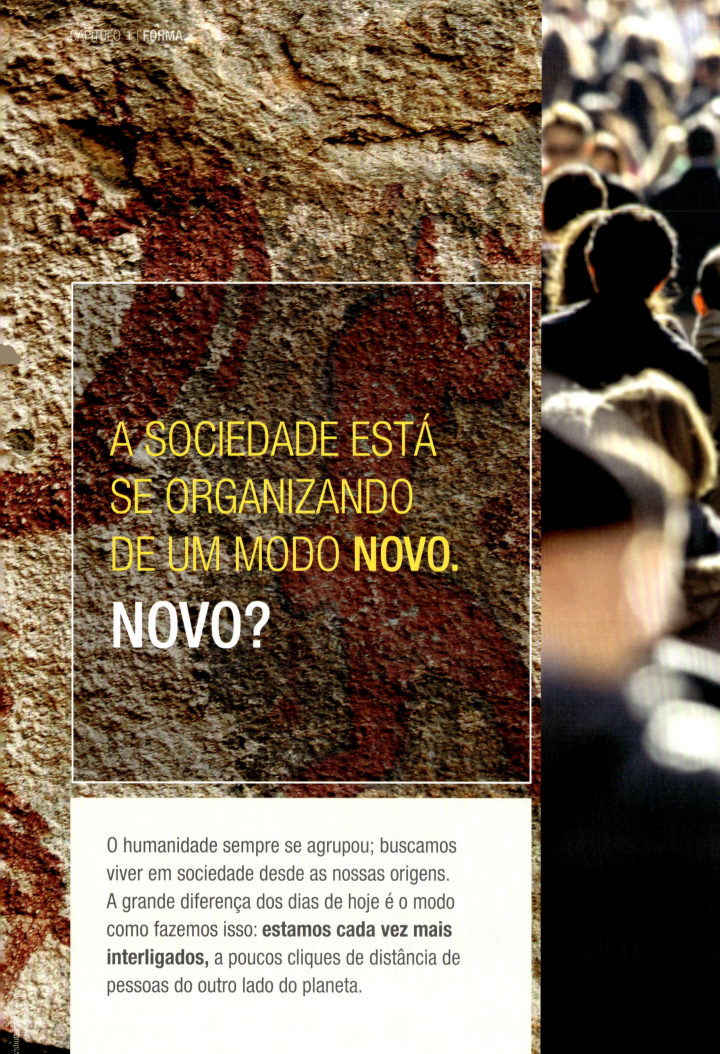

A SOCIEDADE ESTÁ SE ORGANIZANDO DE UM MODO **NOVO**.
NOVO?

O humanidade sempre se agrupou; buscamos viver em sociedade desde as nossas origens. A grande diferença dos dias de hoje é o modo como fazemos isso: **estamos cada vez mais interligados,** a poucos cliques de distância de pessoas do outro lado do planeta.

As novas tecnologias ampliaram as formas de comunicação e a interatividade em nível global. **Estamos muito mais conectados com tudo aquilo que nos interessa e em que acreditamos. E isso inclui as marcas:** a proximidade com seus públicos e as possibilidades de contato tornaram-se infinitas, assim como as oportunidades de experiências.

CAPÍTULO 1 | FORMA

A RELAÇÃO DAS PESSOAS COM MARCAS, PRODUTOS E SERVIÇOS **ESTÁ MUDANDO.**

AS MARCAS SÃO CONSTRUÍDAS COM BASE EM EXPERIÊNCIAS.

Nos anos 1960 e 1970, **as marcas eram criadas com base em um conceito estático** – o objetivo era transmitir a solidez das instituições. Nesses casos, a comunicação unilateral **não abria espaço para a interação com o público.**

Nos últimos anos, a centenária marca da Coca-Cola tem procurado se flexibilizar, **inserindo elementos na sua comunicação visual** como novas cores, novos grafismos e até mesmo nomes personalizados, mas sempre **sem mexer no seu logotipo.**

Exemplo de uma empresa com uma marca originalmente mais sólida, a IBM precisou se reinventar e passou a fazer **interferências mais divertidas** no seu logotipo.

No caso da Havaianas, a marca manteve o seu logotipo, mas **a comunicação visual se expandiu**, tornando-se mais forte e presente. O produto evoluiu e ganhou papel de destaque, transformando-se em parte da própria marca.

A Nickelodeon se expressa de **maneiras múltiplas, com formas variadas** que sempre remetem ao mundo lúdico do canal infantil. A identificação da marca fica por conta da cor e do logotipo, que se mantêm.

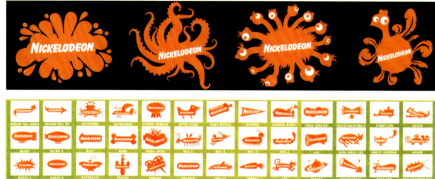

Nos anos 2000, as seis variações do balão da telecom Oi trazem novas possibilidades, **dando liberdade à marca** e permitindo que ela interaja com os demais elementos da comunicação visual.

A Aol tem um conceito bastante interessante de que a sua marca "não existe": ela é branca sobre fundo branco. **A marca só aparece quando algo passa por trás dela** – uma referência a todas as **possibilidades que o portal oferece.**

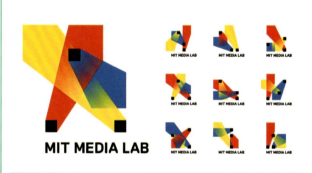

A Mit Media Lab **é uma marca fluida**. Com um algoritmo que **possibilita milhares de combinações** de elementos básicos sem prejuízo da gestalt, faz com que cada funcionário tenha a "sua" marca Mit Media Lab personalizada.

Uma das pioneiras no conceito de marca **aberta,** a MySpace abre mão do nome e se apropria do seu significado, trazendo uma lacuna em que cada um preenche o seu espaço com o que quiser.

A marca aberta e fluida da OCAD, uma universidade canadense de Arte e Design, traz módulos que se recombinam e permitem **várias formas diferentes**. Como na marca da MySpace, o estudante também preenche o módulo principal **do jeito que a imaginação mandar.**

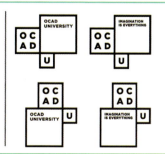

RIO**450**
UMA MARCA NARRATIVA,
QUE CONVIDA TODOS A ESTAREM EM TORNO DE UMA MESMA IDEIA.

QUE INTEGRA, POIS TRADUZ UM RIO QUE RESPEITA AS DIFERENÇAS E PROMOVE **EXPRESSÕES INDIVIDUAIS.**

UMA MARCA DEMOCRÁTICA,
QUE ACEITA INTERFERÊNCIAS GRÁFICAS DE MANEIRA PLANEJADA OU LIVRE.

CAPÍTULO 1 | **FORMA**

QUE GANHA VIDA E SIGNIFICADO PLENO
SOMENTE QUANDO CADA PESSOA
CRIA **SUA VERSÃO PESSOAL.**

O CONCEITO DA MARCA **RIO450**
É O DE UMA MARCA ABERTA,
EM QUE AS PESSOAS PODEM
CONSTRUIR **SUA PRÓPRIA MARCA**.

UMA SOLUÇÃO ÚNICA,
PORÉM MÚLTIPLA.

CAPÍTULO 1 | FORMA

" ALÉM DA ENORME CRIATIVIDADE PARA RETRATAR O ESPÍRITO DO CARIOCA, **RICARDO E A EQUIPE CRAMA CRIARAM UMA NOVA CATEGORIA, A MARCA VIVA,** ENRIQUECENDO A GALERIA DAS MARCAS FAMOSAS. COM ISSO, CONQUISTARAM UM LUGAR NO HALL DA FAMA DO DESIGN MUNDIAL. "

LINCOLN SERAGINI,
DESIGNER E CONSULTOR DE BRANDING

CAPÍTULO 1 | FORMA

O PASSO A PASSO

O PROCESSO DE CONSTRUÇÃO DE UMA MARCA QUE É A CARA DO RIO.

A criação de um "logo" envolve muitas fases. Para chegar à solução final, a equipe percorreu diferentes etapas antes, durante e depois da criação da marca Rio450. O processo incluiu desde o planejamento e a imersão – em que foram realizados workshops sobre os símbolos de outras cidades do mundo e um estudo da marca dos 400 anos do Rio de Janeiro –, passou pela criação paralela da identidade visual e da plataforma de comunicação, até chegar à elaboração de manuais de normatização da Rio450, que possibilitaram a perfeita replicação do logotipo.

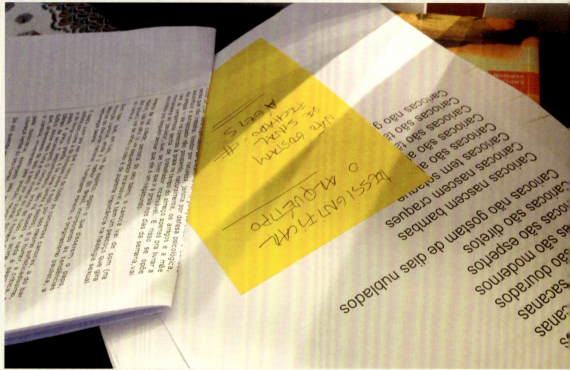

"O CARIOCA É O GRANDE PROTAGONISTA DESSA FESTA."

Marcelo Calero,
Diplomata, Presidente do Comitê Rio450 e Secretário Municipal de Cultura do Rio de Janeiro

CAPÍTULO 1 | **FORMA**

ERA PRECISO
CONSTRUIR
UMA MARCA
**PARA IDENTIFICAR
A GENTE.**

CAPÍTULO 1 | **FORMA**

PARA INSPIRAR QUEM VIVE **E RESPIRA A CIDADE.**

CAPÍTULO 1 | **FORMA**

PARA FAZER GRAÇA COM O NOSSO JEITO.

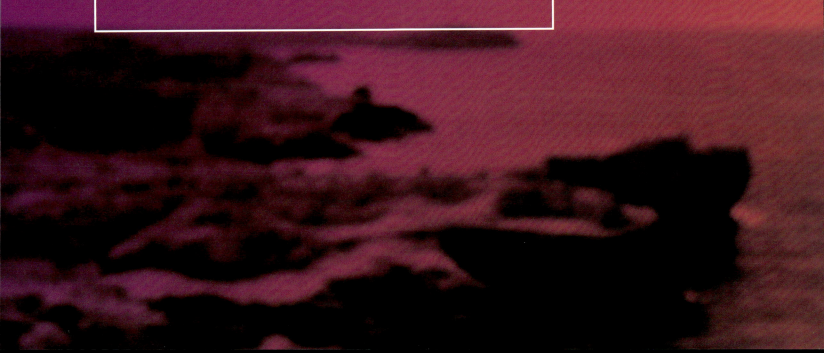

CAPÍTULO 1 | **FORMA**

E QUE PUDESSE MOSTRAR AO MUNDO O PERFIL DE QUEM TEM **ORGULHO DE SER O QUE É.**

CAPÍTULO 1 | **FORMA**

COMPOSTOS PELOS TRÊS NÚMEROS DA NOSSA CELEBRAÇÃO, NASCEM O **SÍMBOLO E O PERFIL DO NOSSO PERSONAGEM.**

CAPÍTULO 1 | FORMA

O SÍMBOLO DO **MARCOS**

DA **BETH**

DA **KYLVIA**

DO **ROBSON**

E DO **PETER**

O SÍMBOLO VIRA MARCA COM UM LOGOTIPO
DO PUNHO DA GENTE.

Para garantir a leitura correta dos números, a marca ganhou uma versão com a assinatura **"Rio450"**. Assim como as palavras, as marcas, depois de aprendidas, deixam de ser lidas e passam a ser identificadas visualmente com seus respectivos significados. **Uma vez percebida como um rosto, a Rio450 ultrapassa seu sentido literal e projeta a sua personalidade.**

CAPÍTULO 1 | FORMA

NOSSA INSPIRAÇÃO ESTÁ **NA GENTE.**

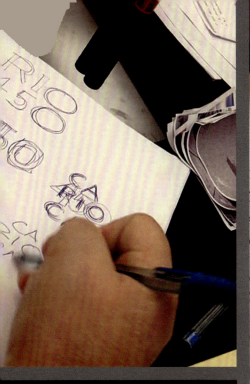

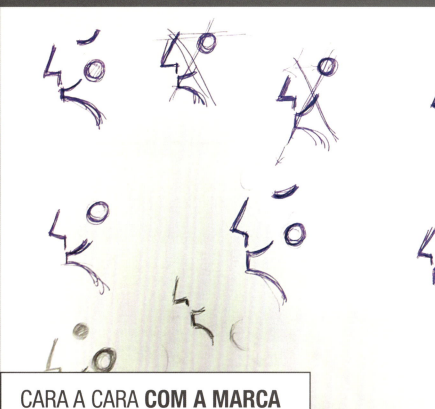

CARA A CARA COM A MARCA

O foco era a identidade do maior personagem dessa história. A ideia foi mostrar a cara do carioca com um desenho simples e de fácil assimilação. Criado com base nos números da festa, o símbolo dá vida a um personagem único, que pode ser de muitas maneiras. Fácil de desenhar à mão por qualquer pessoa, a marca é uma plataforma democrática para homenagear quem constrói a cidade e festejar o privilégio de fazermos parte dessa tribo.

CAPÍTULO 1 | **FORMA**

"TUDO QUE TEM UMA INVENÇÃO É ESTIMULANTE. **E AQUI TEM UMA INVENÇÃO:** A MARCA NÃO USOU O PÃO DE AÇÚCAR, NÃO USOU A VELHA CONVENÇÃO."

ZIRALDO,
CARTUNISTA E ESCRITOR

CAPÍTULO 1 | FORMA

ELEMENTOS DA
IDENTIDADE VISUAL

MESMO NUMA MARCA ABERTA,
É NECESSÁRIO NORMATIZAR PARA
MANTER A SUA IDENTIDADE.

VERSÕES DA MARCA

VERSÃO PRINCIPAL
HORIZONTAL

VERSÃO SECUNDÁRIA
VERTICAL

SÍMBOLO

VERSÕES NEGATIVAS

CONVIVÊNCIA

TIPOGRAFIA

A existência de duas famílias dá movimento e amplia as possibilidades de um sistema. Mescle-as com coerência e liberdade. Afinal, estamos tratando de uma identidade que deve ser viva e dinâmica!

Utiliza-se a VERVEINE em aplicações mais livres e quando se pretende "dar voz" à peça.

A GOTHAM deve ser aplicada como fonte de texto de apoio nas peças gráficas, ou em caso de frases de impacto. Use seus diferentes pesos (Light, Book, Bold, Black) de acordo com a necessidade de cada texto.

Verveine

AaBbCcDd1234

Verveine Regular
ABCDEFGHIJKLMNOPQRSTUVWXYZ
abcdefghijklmnopqrstuvwxyz
0123456789

GOTHAM

AaBb**CcDd**1234

Gotham Light
ABCDEFGHIJKLMNOPQRSTUVWXYZ
abcdefghijklmnopqrstuvwxyz
0123456789

Gotham Book
ABCDEFGHIJKLMNOPQRSTUVWXYZ
abcdefghijklmnopqrstuvwxyz
0123456789

Gotham Bold
ABCDEFGHIJKLMNOPQRSTUVWXYZ
abcdefghijklmnopqrstuvwxyz
0123456789

Gotham Black
ABCDEFGHIJKLMNOPQRSTUVWXYZ
abcdefghijklmnopqrstuvwxyz
0123456789

PALETA E IMAGENS

Imagens de cariocas de perfil em primeiro plano, com a cidade de fundo.
Imagens da cidade em primeiro plano, com cariocas vivenciando a cena.

Interferência de cor (filtro)
Alegre/Emocional
Humano/Próximo

PATTERN

Os patterns também servem para ampliar a riqueza e as possibilidades de desdobramento do sistema de identidade visual.

Utilize-os com liberdade, mas sem exagero!

CAPÍTULO 1 | **FORMA**

"(...) The talk before ours was by Ricardo Leite, founder and owner of Crama who spoke about his studio's work for Rio's 450th anniversary. Rio is a city awash with municipal and national branding, a sector that often needs a strong hand to give birth to contemporary design ideas. Leite wanted to push something different and create a design that didn't impose another mark on the city but instead invited the city to participate in its creation. It's a simple thought, one that perhaps we've seen before but that perfectly captures the spirit, creativity and ridiculously infectious energy of Rio. I also think the mark itself is particularly strong with its delightfully awkward arrangement of the 450.
The last 15 minutes of the Leite's talk was a continuous burst of all the creative applications created by his team alongside the people of Rio. A much truer and – if I'm honest – more convincing demonstration of a co-created identity than we've seen before.

I look forward to seeing how the spirit of the design moves beyond the visual and is carried through into the event planning and community celebrations taking place there next year.

That's a lot to have taken in from one day but that's the thing with Rio, and Brazilian design in general. Its designers and design thinking deserves more visibility on the international scene because as we found in such a short space of time, there's a community pushing many of the ideals and ideas that we believe are starting to reshape our industry. And let's face it, who can say "no" to having a bit more Brazil in their lives?"

Neil Cummings,
Designer e Palestrante
da Semana Rio Design 2014
(texto extraído do blog da Wolff Olins,
consultoria britânica de Branding)

> "A MUCH TRUER AND — IF I'M HONEST — **MORE CONVINCING DEMONSTRATION OF A CO-CREATED IDENTITY THAN WE'VE SEEN BEFORE.**"

CAPÍTULO **2**

FUNÇÃO

O PAPEL
DO DESIGN É
**CONSTRUIR
SOLUÇÕES**

CAPÍTULO 2 | **FUNÇÃO**

MUITO MAIS QUE UM ROSTINHO BONITO

Já se foi o tempo em que ser maravilhosa bastava. Hoje a gente quer encontrar mais sentidos e propósitos nas curvas desse lugar que sempre teve muito a dizer. O Rio é uma cidade-design por vocação, encantadora por prazer e multiuso por ideologia. Era certo que na marca dos seus 450 anos não faltariam experiências nem porquês.

Fotografe esse código com seu smartphone e assista também ao 2º capítulo da websérie sobre a construção da marca Rio450. Ou acesse https://vimeo.com/123625177

CAPÍTULO 2 | **FUNÇÃO**

50 ANOS ANTES

NA ÉPOCA DOS **400 ANOS**

Em 1965, a marca que festejou o quarto centenário do Rio havia sido um *case* de sucesso. Criado por Aloísio Magalhães, considerado um dos maiores designers brasileiros e um dos fundadores da Escola de Desenho Industrial (Esdi), o símbolo abstrato, simples e de linhas fortes conquistou a cidade, o carinho e a memória dos seus habitantes.

UMA **IDENTIDADE CARIOCA** PARA NOVOS TEMPOS.

A marca dos 400 anos cumpriu com orgulho seu papel de reforçar a identidade carioca e prestar uma homenagem ao Rio de Janeiro, que havia deixado de ser a capital do Brasil e enfrentava os primeiros anos de uma ditadura militar. O símbolo foi o assunto do momento e estava estampado em todo lugar, desde calçadas, praças e na decoração do carnaval, até mesmo em pipas e nos ousados biquínis da época.

CAPÍTULO 2 | **FUNÇÃO**

AS PREMISSAS DE ALOÍSIO MAGALHÃES

Havia uma memória afetiva coletiva com relação ao logotipo histórico de Aloísio Magalhães, e a popularidade da marca deixou uma responsabilidade grande para a sua sucessora, 50 anos depois. **Como era possível ser tão significativo e carismático quanto a marca dos 400 anos?**

É PRECISO **FAZER DIFERENTE,** MAS SER FACILMENTE ENTENDIDO.

Para investigar o sucesso da marca anterior, a equipe criativa da Crama se baseou nas premissas que nortearam a criação do famoso símbolo e as adaptou para a realidade dos tempos atuais.

	RIO 400 ANOS *1965*	**RIO 450 ANOS** *2015*
SIGNIFICADO Uma marca ganha sentido por seu uso.	SIMPLICIDADE DO SÍMBOLO + FACILIDADE DE REPLICAÇÃO ↓ **ENGAJAMENTO POPULAR**	CUSTOMIZAÇÃO + INTERPRETAÇÕES INDIVIDUAIS ↓ **COMPARTILHAR + VIRALIZAR**
ESPÍRITO DO SEU TEMPO Uma marca deve refletir a sua época.	MUDANÇA DA CAPITAL DO BRASIL + MUDANÇAS ECONÔMICAS + VANGUARDA MODERNISTA ↓ **MARCAS MAIS FORTES** DEMONSTRAR A SOLIDEZ E O PESO DA INSTITUIÇÃO	INFORMAÇÃO ACESSÍVEL + CONSUMO EXIGENTE + CANAIS ABERTOS ↓ **MARCAS MAIS PRÓXIMAS** DEMONSTRAR FLUIDEZ; ABERTURA AO DIÁLOGO
TRADIÇÃO Uma marca deve contar uma história, mesmo que seja sobre o futuro.	MALHA CONSTRUTIVA SIMPLES ↓ **MENOR APELO DECORATIVO**	TRADIÇÃO + INOVAÇÃO + UNIVERSALIDADE ↓ **SUBVERTER CONCEITOS-BASE;** FUGIR DO LUGAR-COMUM; **SIMBOLOGIA ACESSÍVEL** ENTENDIMENTO IMEDIATO

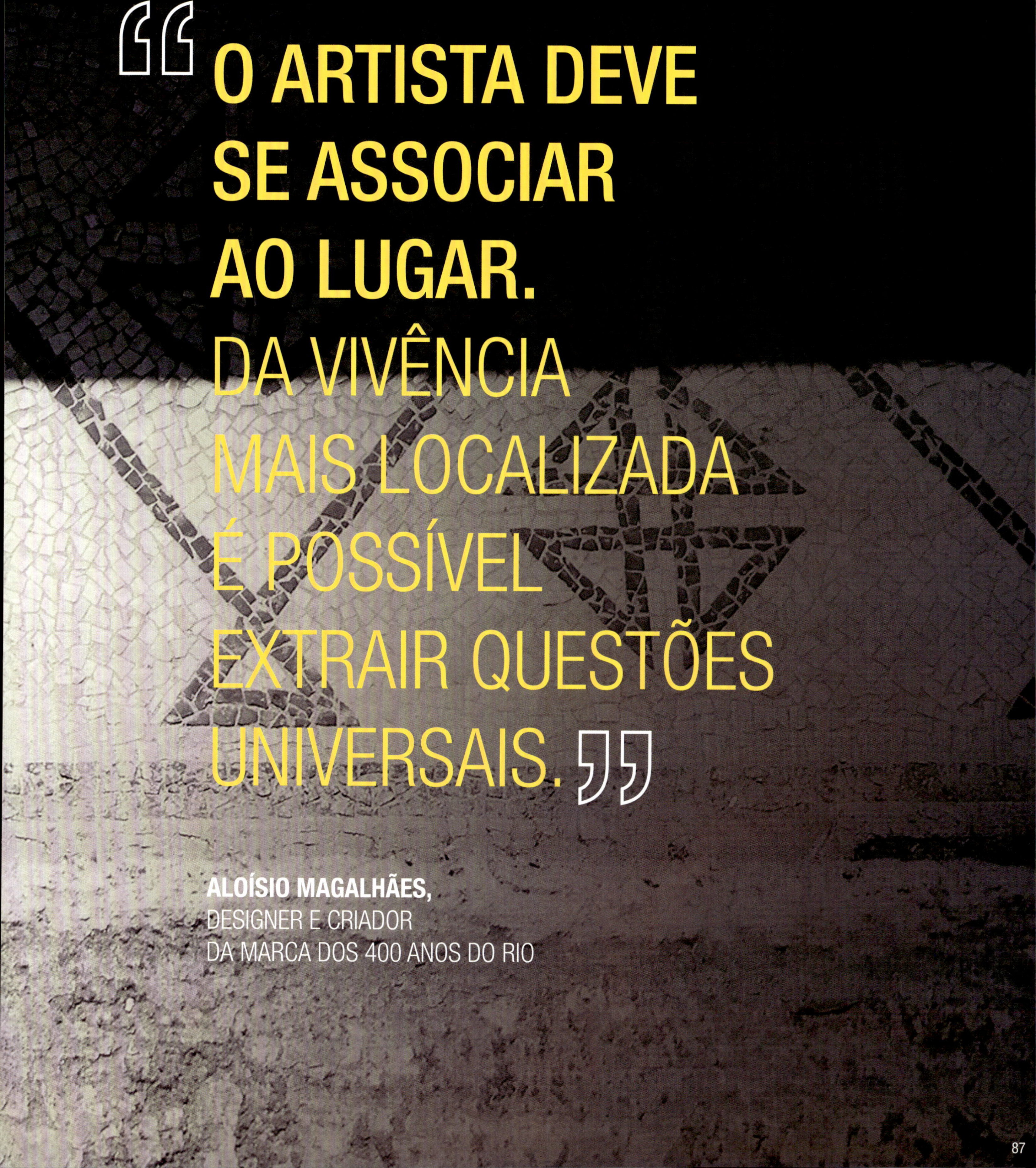

> **O ARTISTA DEVE SE ASSOCIAR AO LUGAR.** DA VIVÊNCIA MAIS LOCALIZADA É POSSÍVEL EXTRAIR QUESTÕES UNIVERSAIS.

ALOÍSIO MAGALHÃES,
DESIGNER E CRIADOR
DA MARCA DOS 400 ANOS DO RIO

CAPÍTULO 2 | **FUNÇÃO**

AS MARCAS QUE PASSARAM PELO RIO

UMA ANÁLISE RÁPIDA DE ALGUMAS MARCAS DESDE ENTÃO.

A equipe da Crama passou também por logotipos de outros eventos, festivais e instituições que marcaram a cidade do Rio de Janeiro nas últimas décadas. O estudo traçou um paralelo comparativo de cores, do estilo gráfico e da função de cada marca, possibilitando definir o caminho visual que a Rio450 deveria seguir.

O CARIOCA É UM SER QUE ESTÁ SEMPRE SE REINVENTANDO.

CIDADE E ESTADO

_forte presença do azul como cor institucional
_presença de identidade histórica (brasões)
_formas bidimensionais, sem volume ou *dégradé*
_tipografia rígida, neutra e com boa legibilidade

BENCHMARK

_representação adequada e sintética do conceito
_simples, minimalista, clara e objetiva
_bidimensional, sem cores ou qualquer outro tipo de apelo visual
_permite variadas interações com o entorno e/ou com outras marcas
_sem logotipo; símbolo autoexplicativo

GRANDES EVENTOS ESPORTIVOS

ANÁLISE GERAL
_formas orgânicas, porém com traços geométricos
_relação direta com as formas e os ícones da cidade
_muita presença e mistura de cores
_cores vivas e alegres nos símbolos
_volumes e tridimensionalidade
_logotipos com alguma personalidade

JOGOS OLÍMPICOS E PARALÍMPICOS RIO2016
_marcas conceitualmente mais humanas
_tom emocional tanto no símbolo quanto no logotipo
_tridimensionalidade mais marcada
_formas mais fluidas, menos geometrizadas

EVENTOS

_tridimensionalidade
_volume

_tridimensionalidade
_uso de ícones

_simplicidade formal
_dégradé

_ícone explorado de forma menos óbvia

_mistura de ícones da cidade e religiosos, formando outro elemento
_cores chapadas, sem volume
_logotipo com alguma personalidade

MATRIZ DE POSICIONAMENTO

Analisando essas marcas e outras variáveis, definiu-se que, para cumprir bem seu papel, a marca Rio450 deveria ter uma construção simples e ser monotônica.

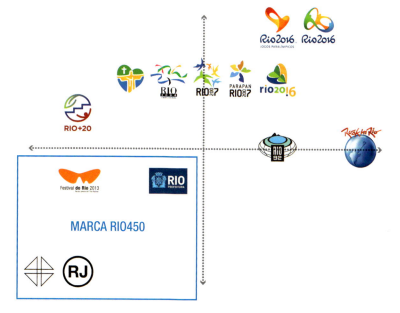

CAPÍTULO 2 | **FUNÇÃO**

OS DIAS ANTES
DOS 450

UMA CIDADE É UM ORGANISMO VIVO QUE DEVE REAFIRMAR SEUS VALORES E POTENCIAIS, **RENOVAR O COMPROMISSO COM AS EXPECTATIVAS DE SEUS HABITANTES E REORGANIZAR SEUS SIGNIFICADOS PARA OS PRÓXIMOS TEMPOS.**

CAPÍTULO 2 | **FUNÇÃO**

No período em que a marca do 450 anos estava sendo criada, muitas capitais do país foram palco de intensas manifestações políticas realizadas pelo povo e organizadas nas mídias sociais.

COMO USAR A CRIATIVIDADE EM TEMPOS DE CRISE PARA CELEBRAR O ANIVERSÁRIO DE UMA CIDADE?

No Rio, esse grande movimento ocorreu de forma ainda mais longa e intensa; as pessoas continuaram indo às ruas para expressar seus muitos desejos, insatisfações e reivindicações. Essas multidões eram compostas por todas as classes sociais, que foram dar **voz a seus posicionamentos sobre os mais variados temas, levantar bandeiras e até mesmo se fazerem existir.**

Vivemos um grande marco da era do coletivo, da troca em tempo real, da opinião compartilhada. Um tempo de reconhecimento do potencial do Rio como polo cultural e político, um lugar onde as ideias fervilham em cabeças inquietas.

CARA A CARA **COM A MARCA**

O carioca contemporâneo sempre quis mais que
só sentar e contemplar sua Cidade Maravilhosa.
Ele quer levantar e torná-la um lugar melhor para viver.
Quer fazer valer seus direitos de consumidor, quer ser
um eleitor mais consciente, quer ter voz ativa no debate social.

CAPÍTULO 2 | **FUNÇÃO**

OS PORQUÊS
DA MARCA RIO450

MARCAS SÃO AMBIENTES SENSORIAIS CONSTRUÍDOS PARA ESTABELECER O DIÁLOGO, E NÃO SOMENTE A COMUNICAÇÃO DE UM EVENTO, PRODUTO OU SERVIÇO COM SEUS PÚBLICOS. UMA MARCA É TANGIBILIZADA POR SEU LOGOTIPO E ASSINATURA; MAS **É NA SUA CONTEXTUALIZAÇÃO QUE ESTÁ SUA MAIOR FORÇA DE COMUNICAÇÃO.**

CARA A CARA **COM A MARCA**

ERA PRECISO OLHAR EM VOLTA.
O design da marca Rio450 tinha de considerar não só o cenário da metrópole-musa mundialmente conhecida mas também seu papel de capital da efervescência sociocultural do país.
Como disse uma vez o antropólogo Gilberto Freyre, "quem se chega ao povo está entre mestres e se torna aprendiz".
Este era o caminho: a marca precisava ouvir, entender e falar a mesma língua de quem vive esta cidade.

CAPÍTULO 2 | FUNÇÃO

UMA MARCA ABERTA EM TODOS OS SENTIDOS.

O RIO É UMA CIDADE QUE "ACONTECE PARA FORA". O CARIOCA SE ENCONTRA NA PRAIA, NA RUA, NO BAR, NO SHOPPING, NO ESCRITÓRIO, NUMA ESQUINA DO LEBLON, NO PARQUE DE MADUREIRA OU NO TELEFÉRICO DO ALEMÃO. O ESPAÇO PÚBLICO É O PRINCIPAL CENÁRIO DE UM **ESTILO DE VIDA QUE É MAIS QUE INSPIRAÇÃO**, É UM PRODUTO TIPO EXPORTAÇÃO.

LIBERDADE DE SER QUEM SOMOS EM TODO LUGAR.

CAPÍTULO 2 | **FUNÇÃO**

O QUE O CARIOCA
MAIS GOSTA
DE FAZER?
SEJA O QUE FOR,
A GENTE PREFERE
**QUE SEJA
AO AR LIVRE.**

REDES SOCIAIS BARZINHO ANDAR DE BICILETA
ESTUDAR ANDAR PRATICAR ESPORTES FUTEBOL
ESCOTISMO SLACKLINE IR A CACHOEIRAS IR À ACADEMIA
CAMINHAR FAZER TRILHAS IR A MUSEUS VIAJAR
SKATE AULA DE CANTO IR AO ZOOLÓGICO PASSEAR
CORRER IR AO TEATRO PISCINÃO DE RAMOS
VÔLEI IR AO CINEMA TÊNIS
  IR AO SÍTIO PEGAR SOL MEXER EM CARROS VELHOS
ARTES MARCIAIS OUVIR MÚSICA PISCINA IR À PRAIA VIDEOGAME
ASSISTIR A FILMES EM DVD ASSISTIR A SHOWS MUSICAIS VISITAR AMIGOS BARALHO JOGOS
LER REVISTAS IR À IGREJA LER A BÍBLIA PESCA DESCANSAR SOLTAR PIPA
NAVEGAR NA INTERNET LER JORNAIS COZINHAR DORMIR HORTA BRINCAR NA RUA
CAPOEIRA BATER PAPO RELAXAR CUIDAR DOS NETOS BRINCAR COM OS FILHOS JARDIM
BEBER CERVEJA FAZER CHURRASCO NAMORAR IR AO SHOPPING ARRUMAR A CASA
ASSISTIR À TV IR A EVENTOS TÍPICOS VER VITRINES FAZER OBRA EM CASA
SAIR PARA DANÇAR BEBER PIZZARIA FAZER COMPRAS CUIDAR DOS CACHORROS
BALADAS SAIR COM OS AMIGOS JOGAR NO FACEBOOK
  IR A FESTAS

CAPÍTULO 2 | FUNÇÃO

EXTROVERTIDO, CABEÇA ABERTA, EXPANSIVO:
O CARIOCA É UM SER QUE SE ESPALHA AO AR LIVRE, QUE ESTENDE OS BRAÇOS E CELEBRA SEU ESTILO A CÉU ABERTO.

A marca Rio450 **foi além do significado conceitual de marca aberta** e extravasou, literalmente, toda a criatividade e a imaginação que o carioca traz em si.

CAPÍTULO 2 | **FUNÇÃO**

> "ESSA É A VANTAGEM DE SER ABSOLUTAMENTE DIFERENTE E ORIGINAL. **QUANDO UMA MARCA FUNCIONA E MARCA A CABEÇA DA GENTE, ELA PROVOCA ESSE IMPACTO.**"

ZIRALDO,
CARTUNISTA E ESCRITOR

CAPÍTULO 2 | **FUNÇÃO**

UMA MARCA **VIVA**
UMA MARCA **INTERATIVA**
UMA MARCA **QUE DIALOGA**
UMA MARCA **ORGÂNICA**
UMA MARCA **DEMOCRÁTICA**
UMA MARCA **COLETIVA**

PORQUE O CARIOCA
QUER SER **PROTAGONISTA**
QUER SER **PARTICIPATIVO**
QUER **TER VOZ**
QUER SER **ELE MESMO**
QUER SE **INTEGRAR**
QUER SE **MISTURAR**

CAPÍTULO 2 | FUNÇÃO

À MÃO LIVRE E DE CABEÇA ABERTA.

Além de celebrar o aniversário da cidade e destacar um momento histórico, o design da marca Rio450 foi pensado para traduzir uma cidade que respeita diferenças, promover expressões individuais e, ao mesmo tempo, convidar todos a estar em torno de uma mesma ideia.

Esse era o grande sonho da marca Rio450: um convite para todos se sentirem, de verdade, donos dessa festa. Desde a população carioca até as empresas e instituições que "fazem o Rio acontecer".

CAPÍTULO 2 | **FUNÇÃO**

EIXO EMOCIONAL DA MARCA

POR DENTRO DE UM SENTIMENTO

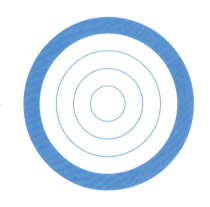

MOMENTO
DO RIO

VOCAÇÃO
DO RIO

> " O RIO TEM ESSA TRADIÇÃO DE SABER SE RENOVAR, DE CRIAR NOVIDADES NOS MAIS VÁRIOS SETORES. "
>
> **Marcelo Calero,**
> Diplomata, Presidente do Comitê Rio450 e Secretário Municipal de Cultura do Rio de Janeiro

Novos rumos de uma nova cidade

Importante momento de debate político, social e cultural.

Eventos de grande porte.

Tempo de incerteza e otimismo simultaneamente.

Criatividade tipo exportação

O que o Rio cria é exportado.

O que o Rio chancela vira moda.

Seu estilo de vida é aspiração de brasileiros e estrangeiros.

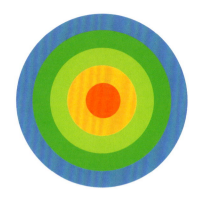

PERTENCIMENTO

DNA
DO RIO

EXPRESSÃO
DO RIO

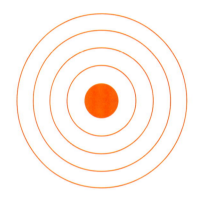

PERSONAGEM
DO RIO

Uma mistura democrática

Um cenário múltiplo, misturado, eclético, que não só aceita as diferenças como também as torna parte indispensável da formação de sua personalidade.

Explosão sensorial

Uma cidade onde as curvas construídas não concorrem com as da paisagem.

São formas, cores, texturas, sons, sabores. Tudo estonteante, impactante.

O carioca além dos seus clichês

Sol, sal e muito trabalho.

O carioca é, sem dúvida, muito mais interessante que a fama de seu personagem mundo afora.

CAPÍTULO 2 | **FUNÇÃO**

DE TODOS E **PARA TODO MUNDO**

O CONCEITO DE MARCA ABERTA, EM QUE AS PESSOAS SE SENTEM DONAS DO SÍMBOLO E LIVRES PARA FAZER SUAS PRÓPRIAS INTERVENÇÕES, FOI UM TRABALHO PLANEJADO, FRUTO DA PARCERIA DA CRAMA COM O COMITÊ RIO450. **A MARCA DA GENTE É SE ESPALHAR PELA CIDADE.**

Desde o lançamento, a popularidade da marca ultrapassou as expectativas mais altas do projeto. Com o incentivo da Prefeitura do Rio, tomou conta de ruas, muros, calçadas, prédios, parques etc.

O símbolo caiu no gosto dos cariocas instantaneamente, conquistando espaços nas mais diversas mídias durante praticamente todo o ano do aniversário da cidade.

Traços de ontem e de hoje
Desenhos refletem as escolas do design em cada época

400 ANOS

450 ANOS

› A versão colorida da marca da festa de 1965 integrava o azul e branco do Rio com o verde e amarelo do Brasil

› Um número 4 gigante, com o corpo vazado, surge quando o olhar se detém no símbolo

› A marca é um simples perfil, pronto para sofrer interferências, como um cabelo ou uma barbicha

› O ângulo do nariz, para que ficasse simpático, e não arrogante, foi tema de extenso debate na equipe

CAPÍTULO 2 | **FUNÇÃO**

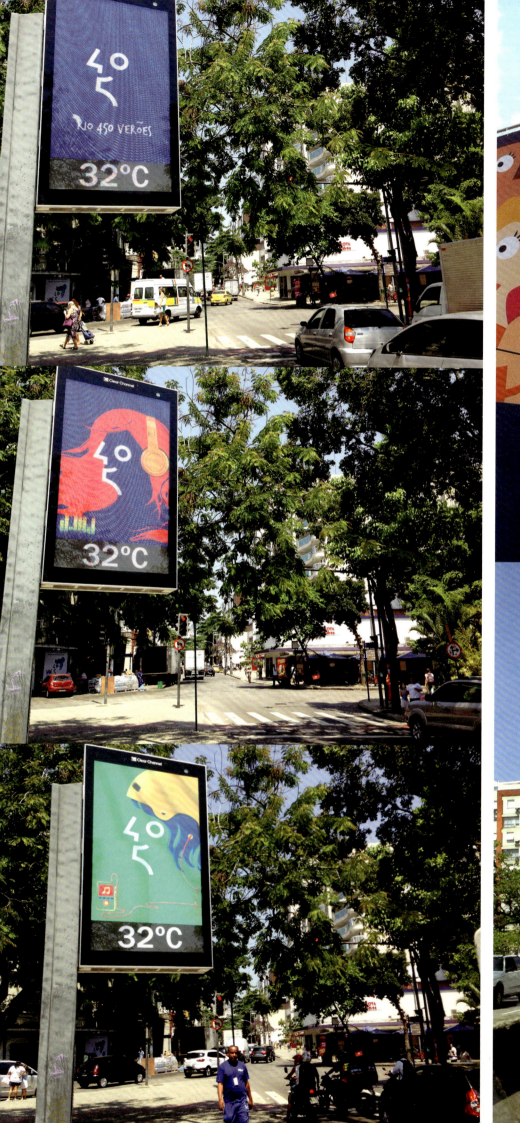

115

CAPÍTULO 2 | **FUNÇÃO**

O DESIGN ADEQUADO DE UMA MARCA GERA **VALOR PARA AS PESSOAS.**

Nesse sentido, sob o ponto de vista financeiro, é que surge uma das funções mais estratégicas da marca: de traços simples, neutros e fáceis de serem reproduzidos, junto com a inteligência de sua identidade visual e de sua plataforma de comunicação, **a marca Rio450 foi naturalmente absorvida e replicada pelas empresas.**

CAPÍTULO 2 | **FUNÇÃO**

O resultado foi a divulgação gratuita e contínua do aniversário do Rio, que teve seu logotipo adaptado e multiplicado por centenas de outras marcas, produtos e serviços da cidade em milhares de peças de comunicação. **Como consequência, a Prefeitura do Rio potencializou a mídia espontânea da marca Rio450, economizando milhões de reais em publicidade.**

Música

Artes

Esportes

CARA A CARA **COM A MARCA**

O design pode deixar uma marca mais funcional e adequada.
E ainda melhor: pode torná-la desejável e usável
pelos seus públicos.
É o poder da forma e função associado à emoção.

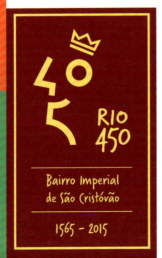

CRAMA
DESIGN ESTRATÉGICO

Marca Rio450

CAPÍTULO **3**

EMOÇÃO

É PELA EMOÇÃO QUE
O DESIGN **APROXIMA
MARCAS E PESSOAS**

CAPÍTULO 3 | **EMOÇÃO**

CARIOQUICE À FLOR DA PELE

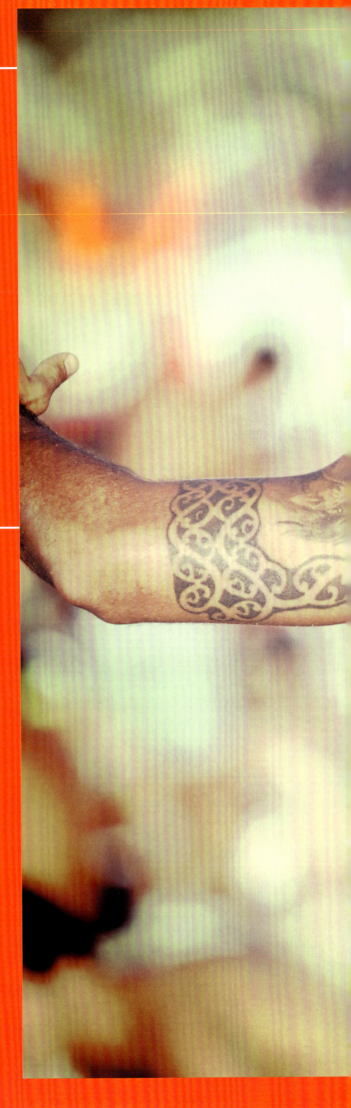

A liberdade ganha cheiro de mar, os pandeiros ressoam o orgulho no peito. A alegria salta aos olhos nos tons do baile funk. O gostinho de saudade vai no avião que decola da baía, enquanto a sensação de tocar e abraçar a cidade fica por conta da vista do Corcovado.
O Rio é definitivamente uma festa para os cinco sentidos. Uma grande e bela experiência, que se desenrola ao vivo, em muitas cores e a 450 emoções.

CAPÍTULO 3 | EMOÇÃO

VIVA A CARIOQUICE!

SE O DESIGN É FORMA, FUNÇÃO E EMOÇÃO, O RIO DE JANEIRO É UM *CASE* DE SUCESSO DO TAMANHO DE UMA CIDADE. NESSE CARTÃO-POSTAL VIVO, DE FORMAS PARADISÍACAS E DE MÚLTIPLAS FUNÇÕES, **AS EMOÇÕES SÃO UM CAPÍTULO À PARTE.**

CARA A CARA **COM A MARCA**

O design deve ter o poder de inspirar, estimulando a imaginação, despertando os sentidos e elevando as expectativas.
É assim que se dá a força da boa experiência com uma marca.
Quando isso ocorre, a comunicação existe, e o elo com a marca é estabelecido.

CAPÍTULO 3 | **EMOÇÃO**

PESSOAS SÃO MOVIDAS A EMOÇÃO.

Vivemos a "era das pessoas": hoje é o relacionamento interpessoal que faz uma marca ganhar vida e se justificar perante o mundo. O bom design ajuda nesse processo, construindo uma imagem estratégica única e diferenciada com base nas emoções que ele desperta. Mais que nunca, **a experiência é determinante para o apelo de uma marca com o público.**

O QUE A GENTE SENTE É O QUE FAZ UMA EXPERIÊNCIA SER ETERNA.

Não há como negar que o Rio provoque um relacionamento muito particular com seus moradores e visitantes.
E, para consolidar a identidade visual e a plataforma de comunicação da marca Rio450, o carioca foi estudado de perto, assim como suas características, vontades e manias. **O objetivo era se relacionar de verdade com o principal convidado dessa festa de aniversário.**

CAPÍTULO 3 | EMOÇÃO

QUEM É O CARIOCA?

FAIXA ETÁRIA

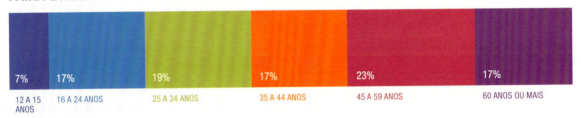

- 7% — 12 A 15 ANOS
- 17% — 16 A 24 ANOS
- 19% — 25 A 34 ANOS
- 17% — 35 A 44 ANOS
- 23% — 45 A 59 ANOS
- 17% — 60 ANOS OU MAIS

ESCOLARIDADE

- 35% — ENSINO FUNDAMENTAL
- 41% — ENSINO MÉDIO
- 24% — ENSINO SUPERIOR

CLASSIFICAÇÃO ECONÔMICA

- 5% — A
- 38% — B
- 50% — C
- 8% — D
- 0,01% — E

MORADIA

- 40% — NORTE
- 38% — OESTE
- 17% — SUL
- 5% — CENTRO

RELIGIÃO

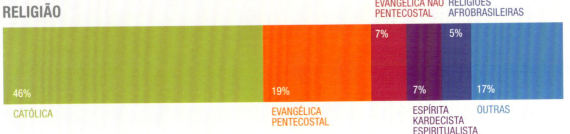

- 46% — CATÓLICA
- 19% — EVANGÉLICA PENTECOSTAL
- 7% — EVANGÉLICA NÃO PENTECOSTAL
- 7% — ESPÍRITA KARDECISTA ESPIRITUALISTA
- 5% — RELIGIÕES AFROBRASILEIRAS
- 17% — OUTRAS

Fonte: IBGE CENSO 2010 - ESTIMATIVA 2015

6.476.631

POPULAÇÃO TOTAL DO RIO

CAPÍTULO 3 | **EMOÇÃO**

TOM DE VOZ E EXERCÍCIOS DE COMUNICAÇÃO **DA MARCA RIO450.**

Toda marca tem um jeito próprio de se comunicar, e um símbolo do Rio precisava falar a mesma língua dos cariocas. Num misto de espontaneidade e cidadania, o tom de voz da marca Rio450 foi planejado para gerar identificação e despertar orgulho.

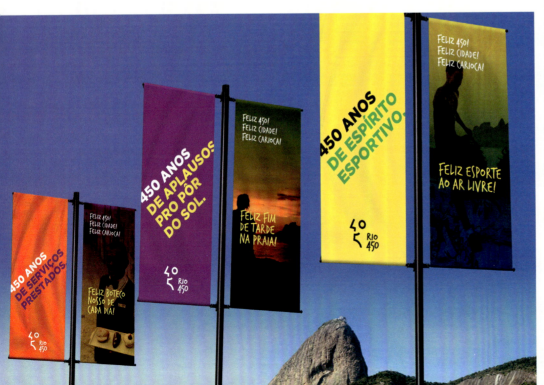

FOCO NA CELEBRAÇÃO	FOCO NO PERSONAGEM	FOCO NA APROPRIAÇÃO
450 ANOS DE GENTE FINA, BONITA E ELEGANTE.	**A GENTE DIZ OBRIGADO, MAS PREFERE DIZER QUE VALEU.**	**EU SOU MAIS CARIOCA QUANDO VOU DE BIKE.**
450 ANOS DE GINGA, SUOR E RESPEITO.	**A GENTE BATALHA POR UMA CIDADE MELHOR.**	**EU SOU MAIS CARIOCA QUANDO RESPEITO A DIVERSIDADE.**
450 ANOS DE HOSPITALIDADE	**A GENTE ABRAÇA DE VERDADE.**	**EU SOU MAIS CARIOCA QUANDO CHAMO O GARÇOM PELO NOME.**
450 ANOS DE COISA MAIS LINDA E CHEIA DE GRAÇA.	**A GENTE VESTE CASACO QUANDO FAZ 25°.**	**EU SOU MAIS CARIOCA QUANDO NÃO FAÇO XIXI NA RUA.**
450 ANOS DE BATUCADAS DE BAMBA.	**A GENTE VIVE ONDE TODO MUNDO QUER ESTAR!**	**EU SOU MAIS CARIOCA QUANDO VOU AO MARACA NA PAZ.**

CAPÍTULO 3 | EMOÇÃO

SER CARIOCA FAZ PARTE DO NOSSO MUNDO

O carioca é multicultural, multiétnico, multifacetado. Nasceu com vocação para conviver e se orgulha de enxergar no outro a sua própria essência.
É um ser singular, mas que vem ao mundo para se espalhar e ser plural.

CAPÍTULO 3 | EMOÇÃO

É NA MISTURA
QUE O CARIOCA SE TORNA ÚNICO.

Esse personagem tão imitado, ora criticado, ora adorado, e quase sempre protagonista, gosta mesmo é de se ver, de estar por dentro, de participar. O carioca se emociona e se mistura com a cena de uma cidade cantada, poetizada, fotografada e, acima de tudo, idolatrada por um estilo de vida que faz parte do patrimônio do Rio.

CAPÍTULO 3 | **EMOÇÃO**

A GENTE VIVE
ONDE TODO MUNDO
QUER ESTAR.
VIVENDO A LIBERDADE
DE SER QUEM
**A GENTE É EM
TODO LUGAR.**

CAPÍTULO 3 | **EMOÇÃO**

ENCURTANDO
DISTÂNCIAS
PARA MOSTRAR
**QUE PRAIA
É PRAIA.**

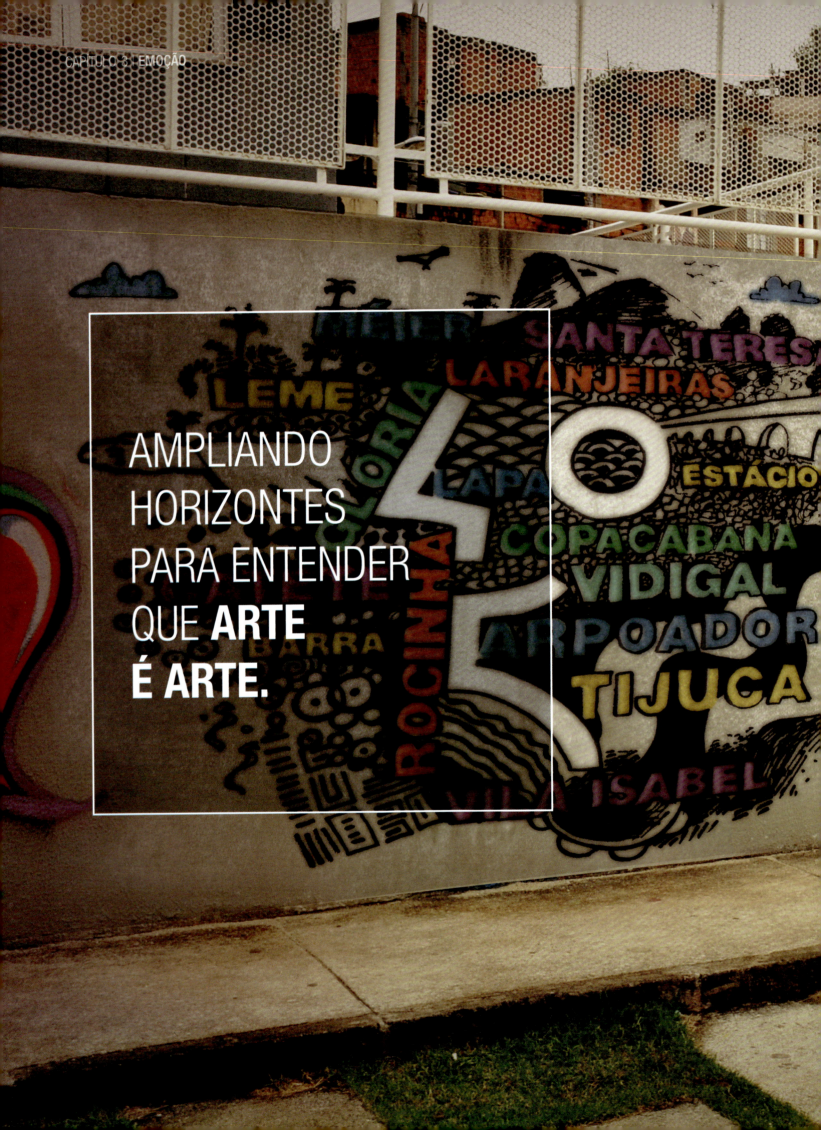

CAPÍTULO 3 | **EMOÇÃO**

PERTENCIMENTO
É NOS SENTIRMOS PERTENCENTES A TAL LUGAR E, AO MESMO TEMPO, SENTIRMOS QUE **ESSE TAL LUGAR NOS PERTENCE.**

CARA A CARA **COM A MARCA**

A marca dos 450 anos é uma expressão que, além de ser a cara do carioca, é a cara da comemoração dessa festa. Uma proposta para provocar reflexões lúdicas sobre quem somos e o quanto amamos estar onde estamos. Ela é uma marca das pessoas e foi pensada para resgatar o sentimento de pertencimento, por meio de uma ideia simples e direta: se o carioca é esse ser tão onipresente, a marca da cidade deve espelhar tudo isso.

Luiz C. Ribeiro/shutterstock.com

CARNAVAL: JUSTIÇA PROÍBE MÁSCARA DE CERVERÓ

NESTOR CERVERÓ
$xxx BI

Logotipo pode?

RIO 450

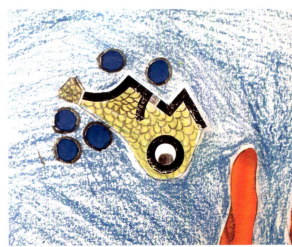

O carioquinha quer saber? Se tomo multa na direção, ao falar no celular, por que motorista de ÔNIBUS pode DIRIGIR e ao mesmo tempo COBRAR?

RIO 450 e aí?

E ARRANHARAM MEU CARRO, POIS NÃO PAGUEI PARA O FLANELINHA "DAR UMA OLHADINHA"...

E AS PESSOAS AINDA JOGAM LIXO NA RUA

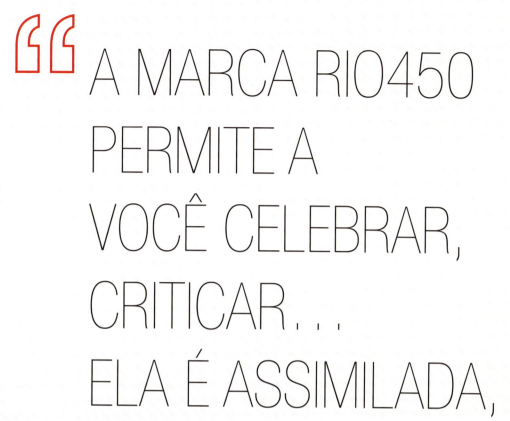

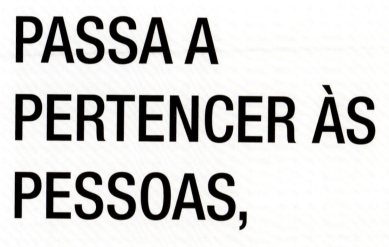

"A MARCA RIO450 PERMITE A VOCÊ CELEBRAR, CRITICAR... ELA É ASSIMILADA, **PASSA A PERTENCER ÀS PESSOAS,** NEM QUE SEJA PARA CRITICAR A PRÓPRIA MARCA."

BRUNO PORTO,
PROFESSOR E DESIGNER PARTICIPANTE DA COMISSÃO JULGADORA DA MARCA RIO450

450 anos.

EMOÇÃO | **VIVA A CARIOQUICE**

SER CARIOCA FAZ PARTE
DO NOSSO RITMO.

Nada embala melhor as emoções que a música. A marca Rio450 teve a honra de celebrar um povo que inspira tantas canções; um lugar que ambienta experiências infinitas; uma cidade que foi berço de estilos musicais tão importantes quanto diversos, como o chorinho, a bossa-nova e o funk.

CIDADE MARAVILHOSA / CHEIA DE ENCANTOS MIL / CIDADE MARAVILHOSA / CORAÇÃO DO MEU BRASIL / ELA É CARIOCA / ELA É CARIOCA / BASTA O JEITINHO DELA ANDAR / NEM NINGUÉM TEM
(André Filho)
CARINHO ASSIM PARA DAR / EU VEJO NA LUZ DOS SEUS OLHOS / AS NOITES DO RIO AO LUAR **/ DO LEME**
(Tom Jobim)
AO PONTAL / NÃO HÁ NADA IGUAL / DO LEME AO PONTAL! / NÃO HÁ NADA IGUAL / RIO 40 GRAUS
(Tim Maia)
/ CIDADE MARAVILHA / PURGATÓRIO DA BELEZA / E DO CAOS **O RIO DE JANEIRO / CONTINUA LINDO**
(Fernanda Abreu / Fausto Fawcett)
/ O RIO DE JANEIRO / CONTINUA SENDO / O RIO DE JANEIRO / FEVEREIRO E MARÇO / CHEGO AO
(Gilberto Gil)
RIO DE JANEIRO / TERRA DO SAMBA, DA MULATA E FUTEBOL / VOU VIVENDO O DIA A DIA / EMBALADO NA
(Compositores Acadêmicos do Salgueiro)
MAGIA / **MINHA ALMA CANTA / VEJO O RIO DE JANEIRO / ESTOU MORRENDO DE SAUDADES / RIO, SEU MAR / PRAIA SEM FIM / RIO, VOCÊ FOI FEITO PRA MIM** / EU ADMITO QUE A OCASIÃO É BOA / EM
(Tom Jobim)
CIMA DE UM SAMBA-FUNK / O PENSAMENTO ABSOLUTAMENTE JUNKIE / O BUMBO É COMO UM SOCO / A CAIXA É COMO UM TAPA / O SOM NASCEU NO ANDARAÍ E SE CRIOU NA LAPA / ME LEMBRO MUITO BEM, OUVINDO JORGE BEN / **MORE THAN A DISTANT LAND / OVER A SHINING SEA / MORE THAN THE**
(Marcelo D2)
STEAMING GREEN / MORE THAN THE SHINING EYES / WELL THEY TELL ME IT'S ONLY A DREAM IN RIO / NOTHING COULD BE AS SWEET AS IT SEEMS / I'VE BEEN TO RIO DE JANEIRO / I LOVE THE FUN IN
(James Taylor)
THE SUN AND THE PEOPLE / IN RIO DE JANEIRO, IT'S SO EXCITING TO SEE, / NO MATTER WHERE YOU GO
(Barry White)
/ **MOÇA DO CORPO DOURADO / DO SOL DE IPANEMA / O SEU BALANÇADO É MAIS QUE UM POEMA / É A COISA MAIS LINDA QUE EU JÁ VI PASSAR** / CARIOCAS SÃO BONITOS / CARIOCAS SÃO BACANAS
(Vinicius de Moraes / Tom Jobim)
/ CARIOCAS SÃO SACANAS / CARIOCAS SÃO DOURADOS / CARIOCAS SÃO MODERNOS / CARIOCAS SÃO ESPERTOS / CARIOCAS SÃO DIRETOS / CARIOCAS NÃO GOSTAM DE DIAS NUBLADOS **/ MENINO DO RIO**
(Adriana Calcanhotto)
/ CALOR QUE PROVOCA ARREPIO / DRAGÃO TATUADO NO BRAÇO / CALÇÃO CORPO ABERTO NO ESPAÇO / CORAÇÃO, DE ETERNO FLERTE / ADORO VER-TE… / VAMOS, CARIOCA / SAI DO TEU SONO
(Caetano Veloso)
DEVAGAR / O DIA JÁ VEM VINDO AÍ / O SOL JÁ VAI RAIAR **/ EVERYONE HERE IS ON FIRE / GET UP AND**
(Vinicius de Moraes)
JOIN IN THE FUN / DANCE WITH A STRANGER, ROMANCE AND DANGER / MAGIC COULD HAPPEN FOR REAL, IN RIO / IT'S REAL, IN RIO
(Trilha sonora da animação Rio)

CAPÍTULO 3 | **EMOÇÃO**

JUNTOS E MISTURADOS
PARA FAZER E CONTAR HISTÓRIA

Para criar uma marca que fala com tanta gente, foi necessário reunir um bom time de parceiros, criativos, representantes, estrategistas, decisores, fornecedores, especialistas, artistas, técnicos...
Ou seja: foi preciso juntar pessoas de todos os tipos.

CAPÍTULO 3 | **EMOÇÃO**

VIVEMOS A "ERA DAS PESSOAS"

A partir daí, a marca Rio450 concretizou mais que uma ação histórica para celebrar o aniversário da cidade. O logotipo ressignificou sua função inicial para se tornar algo maior e alinhado com o seu tempo.

CAPÍTULO 3 | EMOÇÃO

UM PROCESSO COLABORATIVO PARA DAR VIDA A UMA MARCA COLETIVA.

Com seu conceito de livre expressão, a marca Rio450 personificou o esforço de todos os envolvidos no projeto para se revelar uma bela oportunidade de comunicação entre cidade e população, negócios e investidores, coletivo e indivíduo, serviços e clientes. Enfim, um simples, mas muito expressivo, canal de diálogo entre instituições e cidadãos. Entre pessoas e mais pessoas.

— Você também está simbolizando os quatrocentos e cinquenta anos do Rio de Janeiro?
— Não, eu estou simbolizando os quarenta e cinco graus à sombra do Rio de Janeiro...

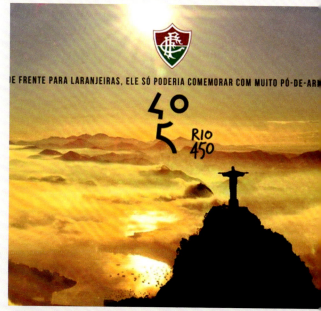

CARA A CARA **COM A MARCA**

Um símbolo que incentivou ações e iniciativas para as comemorações do aniversário do Rio. E como toda marca que conquista as pessoas, a Rio450 ultrapassou protocolos e conseguiu também catalisar emoções de todos os tipos, que foram manifestadas individualmente, mas que construíram uma grande rede de expressões do que acreditamos ser.

CAPÍTULO 3 | **EMOÇÃO**

TUDO O QUE VEMOS NÃO É O QUE ESTÁ DIANTE DE NOSSOS OLHOS. O QUE VEMOS É UMA INTERPRETAÇÃO DA NOSSA PRÓPRIA EXISTÊNCIA.

> "O SORRISO QUE A MARCA INSPIRA REPRESENTA A ALMA CARIOCA E REFORÇA SUA PERSONALIDADE."
>
> **Ricardo Leite,**
> Diretor de Criação da equipe da marca Rio450

CAPÍTULO 3 | EMOÇÃO

450 ANOS DE MUITA EXPRESSÃO

QUANDO A MARCA
DE UM POVO
TOMA CONTA
DE UMA
CIDADE INTEIRA.

CAPÍTULO 3 | EMOÇÃO

PLATAFORMA DE APRESENTAÇÃO
DA MARCA RIO450

ESTAMOS COMEMORANDO 450 ANOS DE UM ESTILO DE VIDA ÚNICO, COMPARTILHADO POR MAIS DE 6 MILHÕES DE PESSOAS DIFERENTES.

ESTAMOS HOMENAGEANDO PESSOAS DE TODOS OS TONS, TODAS AS FÉS, TODOS OS RITMOS E SOTAQUES QUE SE MISTURAM NUM MESMO TERRITÓRIO.

CAPÍTULO 3 | EMOÇÃO

ESTAMOS CELEBRANDO A ESSÊNCIA DE UM POVO QUE NASCEU PARA TRANSBORDAR SUA EXPRESSÃO NA RUA – EM TRAÇOS E CORES, SONS, MANIFESTOS, MODAS E PRODUTOS.

ESTAMOS VIBRANDO COM A OPORTUNIDADE DE REINVENTAR ESSES 450 ANOS DE PRAIA E MONTANHA, DE VOOS LIVRES, DE ABRAÇOS CAMARADAS, DE APLAUSOS PARA O SOL, DE CARNAVAIS DISPUTADOS, DE MARACAS LOTADOS E DE CORAGEM PARA RECONHECER OS PROBLEMAS DA GENTE.

CAPÍTULO 3 | **EMOÇÃO**

ESTAMOS, SOBRETUDO, FESTEJANDO A BOA SORTE DE ESTARMOS AQUI. UM LUGAR ONDE TANTOS QUEREM ESTAR, MAS QUE SOMENTE NÓS, APENAS UNS 6 MILHÕES DE PRIVILEGIADOS POR NASCIMENTO OU POR ESCOLHA, VIVEMOS DE PERTO, 7 DIAS POR SEMANA, 365 DIAS POR ANO.

HOJE, PARABENIZAMOS ESSA GENTE FINA, BONITA E ELEGANTE (SEM FALSA MODÉSTIA E SEM MEDO DE SER FELIZ).

Fotografe esse código com o seu smartphone e assista também à animação da marca Rio450.
Ou acesse
https://vimeo.com/108239167

FELIZ 450!
FELIZ CIDADE!
FELIZ CARIOCA!

RIO450

VIVA A CARIOQUICE!

Quando o Comitê Rio450 foi criado para pensar as celebrações pelos 450 anos do Rio de Janeiro, nosso grande desafio era encontrar uma marca para esta celebração. A experiência bem-sucedida do quarto centenário, em 1965, tornou a tarefa ainda mais difícil, pois o símbolo criado para aquela ocasião virou uma febre, sendo reproduzido freneticamente em lugares tão diversos como carrocinhas de pipoca, calçadas, vitrines, carros e areias da praia. Muito mais que representar uma data especial, a logomarca criada pelo designer Aloísio Magalhães (1927-1982) conseguiu captar o espírito de um tempo e os anseios de uma então Cidade-Estado em busca de sua própria identidade, depois da transferência da capital para Brasília sob a administração do Estado da Guanabara.

Simples na concepção e complexa no conceito, a marca dos 450 anos do Rio precisava ser um símbolo de fácil reprodução e que convivesse bem com as logomarcas da Prefeitura e das Olimpíadas. Em vez de escolher o Cristo Redentor ou o Pão de Açúcar como ponto de partida, o escritório vencedor do concurso optou por uma solução gráfica que investiu no perfil do carioca. Com poucos traços, o novo símbolo pode ser desenhado, personalizado e compartilhado facilmente. O sorriso que ele inspira tem tudo a ver com a irreverência e leveza típicas do morador do Rio.

O rosto que personaliza os 450 anos encontrado pela equipe da Crama Design Estratégico rompe tendências e as recria, privilegiando um desenho que pode ser reproduzido por qualquer pessoa que esteja com lápis e papel em mãos. Ele encerra em si os anseios de cidadãos que, enquanto se veem cercados por uma enxurrada de aparelhos tecnológicos, buscam o conforto do analógico, seja no livro impresso ou no som do vinil. A marca do "Rio450" representa o morador desta Cidade Maravilhosa em toda a sua pluralidade e comemora muito mais que uma data. Evoca o orgulho de ser carioca, por nascimento ou adoção, e de trazer no coração a vivência de carioquice.

Eduardo Paes,
Prefeito do Rio de Janeiro

Marcelo Calero,
Secretário Municipal de Cultura

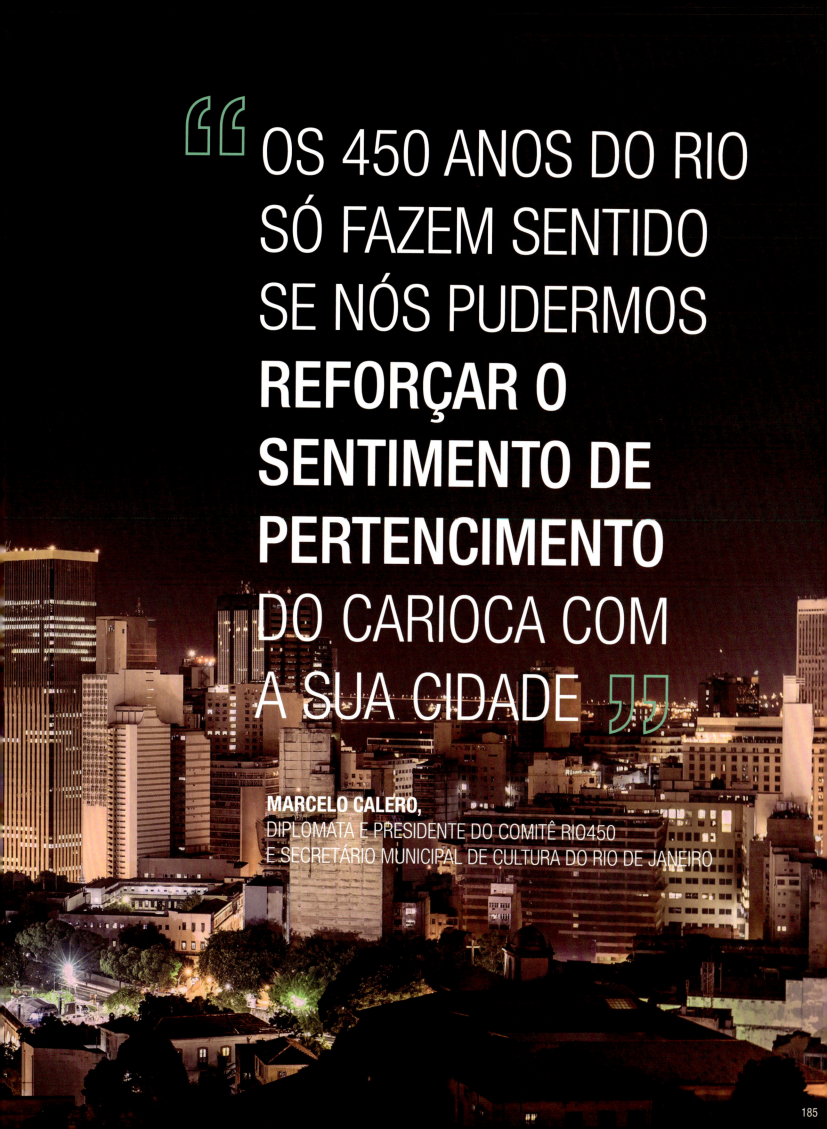

> "OS 450 ANOS DO RIO SÓ FAZEM SENTIDO SE NÓS PUDERMOS **REFORÇAR O SENTIMENTO DE PERTENCIMENTO** DO CARIOCA COM A SUA CIDADE"

MARCELO CALERO,
DIPLOMATA E PRESIDENTE DO COMITÊ RIO450
E SECRETÁRIO MUNICIPAL DE CULTURA DO RIO DE JANEIRO

ENCERRAMENTO

UMA CARTA DO FUTURO

450 + 50

NOSSO ANIVERSÁRIO É A OPORTUNIDADE DE REVIVER O PASSADO COM OS OLHOS VOLTADOS PARA O FUTURO.

Em pouco dias, em 1º de março de 2065, o Rio de Janeiro celebrará 500 anos.

O presidente da República e o primeiro-esposo chegam hoje à cidade, na estação hipertubo da Pavuna, para uma série de inaugurações. Junto com a prefeita, o síndico da metrópole e o governador do Sudeste, inaugurará o Parque Orla Sul, obra de contenção das marés que substituiu as praias por uma imensa área verde, completando o plano de adaptação para a elevação do nível do mar. Grande parte da faixa costeira, da Penha ao Leblon, está agora protegida por um imenso parque urbano. A comitiva também implodirá o último prédio de apartamentos remanescente da região das Vargens, consolidando o cinturão agrobotânico. Com isso, a cidade passará a ter a maior densidade de oferta de nutrientes do planeta.

Se as pesquisas com transporte de matéria no espaço-tempo já fossem conclusivas e pudéssemos trazer um carioca de 50 anos atrás, quando da comemoração dos 450 anos, para os dias de hoje, ele ficaria impressionado.

O ano de 2015 foi crítico para o país. Foi o ano que marcou o começo da Década Seca; crise na principal empresa pública do país; crise política; mas ao mesmo tempo o Rio preparava-se para sediar sua primeira Olimpíada.

Sabemos hoje que a compra da antiga Petrobras pelos seus funcionários foi a saída para redefini-la como uma empresa sustentável. Graças à *expertise* nas áreas de geologia, tecnologias de perfuração e plataformas náuticas, a Geobras é hoje uma das maiores "corporonações" de geoenergia. Teve papel decisivo na mudança da matriz energética do mundo depois do Acordo Gaia firmado na Rio+30, em 2022, que definiu critérios para novas ecocidades. A cidade flutuante de Libra é hoje um exemplo de urbanismo holístico.

Nosso visitante hipotético compreenderia como o esforço da realização das Olimpíadas deixou um legado imaterial fundamental para o período crítico que veio a seguir: o compromisso com planejamento, metas e resultados.

Logo após os Jogos Olímpicos, foi realizado o Plano Rio 2030. Esse plano tinha como objetivo produzir maior adensamento demográfico, protegendo e reequilibrando mananciais, melhorando a gestão dos recursos hídricos e promovendo maior acesso à cidade, com novas políticas de locação social, moradia acessível e comoradias, tendo a educação e a cultura como campos dinâmicos de transformação do território.

Combateram-se as ociosidades urbanas e o Centro passou a ser o lugar da juventude, que vinha de todos os cantos para ali morar, iniciando um novo ciclo sustentável de reocupação.

O Plano 2030 tinha um foco especial no controle do crescimento das áreas informais, assim como no combate a irregularidades no ambiente construído, seja onde fosse, em áreas pobres ou ricas. Inúmeros acréscimos ilegais foram demolidos, tanto no Leblon quanto na Rocinha, e os cariocas começaram a entender que eram iguais perante a lei urbanística.

A regularização da propriedade das áreas informais e políticas habitacionais inclusivas fizeram com que as favelas se convertessem em bairros formais estabilizados. Projetos urbanos de acessibilidade universal e de criação de espaços públicos tornaram o cotidiano da vida nas comunidades muito mais fácil, sem, entretanto, priorizar carros, já em processo de desuso acelerado naquela época.

Um aspecto interessante do Plano 2030 era como articulava a malha de transporte com maior adensamento urbano e zoneamento inclusivo, ordenamento do espaço público, e a presença de espaços culturais. Praças, cinemas, teatros, bares, salas de dança, centros culturais, circos, bares, cafés, livrarias, passaram a criar uma nova vitalidade urbana unindo a cidade desigual.

A imensa criatividade da juventude da periferia ocupou estes espaços, criando novas práticas, tecnologias, empresas e economias. Esta nova cultura urbana ajudou muito no processo quinquenal de revalidação do plano, com grande participação popular.

A partir do momento que as transformações viravam realidade e que a visão de futuro era compartilhada, houve aumento de confiança na esfera política, e um ciclo virtuoso iniciou e não parou mais. Também influenciou o setor privado, que via clareza nas medidas, e novas oportunidades e riquezas surgiram.

A experiência do Rio influenciou o governo federal, que teve que enfrentar a Década Seca. Pressionado pelos acordos de 2022, foram realizadas Reformas Nacionais.

Entretanto, foi uma pequena mudança na Lei de Licitações obrigando a adoção de projeto executivo para contratação de obra pública que produziu mudança sistêmica e priorizou planejamento, qualidade, respeito ao orçamento, ao dinheiro público e à experiência do usuário – a população – como foco fundamental das ações governamentais. Essa nova cultura, baseada em inovação e design, irradiou-se positivamente por todo o país.

Nosso visitante pode até não acreditar mas ele estava no momento histórico da mudança quando começou a adotar planejamento, metas e resultados e uma visão compartilhada de futuro. Ainda temos problemas, como a seleção brasileira de holofutebol, mas a celebração dos 500 anos do Rio começou na verdade em 2015.

Washington Fajardo,
Arquiteto, Urbanista e Presidente do
Instituto Rio Patrimônio da Humanidade

Coluna publicada no jornal O Globo, *em 21.02.2015*

ENCERRAMENTO

A história deste livro foi escrita e desenhada por muitas mãos, tanto no papel quanto no tempo.

Desde as referências do quarto centenário, as inspirações do edital do concurso, os brainstorms e workshops do processo criativo, até as tantas expressões e os desdobramentos da marca dos 450 anos, foram inúmeros os textos, pensamentos, manifestos e entrevistas que reunimos aqui.

Este livro não é apenas um *case* de design dos nossos tempos, mas também um conto moderno de como somos, interagimos e nos comunicamos. O retrato estilizado de uma sociedade carioca cada vez mais interligada e acelerada, mas que nunca perde o sorriso no rosto.

Assim como a marca Rio450, esta história pertence a muitas pessoas, que ajudaram a escrever o dia a dia em que vivemos hoje e que ainda vamos viver nos próximos anos. Como tudo o que faz sentido nessa vida, nossa marca é feita de passado, presente e futuro.

Ninguém sabe ao certo como será a marca Rio500, como estará a cidade daqui a 50 anos... Mas de uma coisa nós temos certeza: **o futuro do Rio de Janeiro será de muitas formas, funções e emoções.**

MAIS QUE NUNCA, DESIGN É **FORMA, FUNÇÃO E EMOÇÃO.**

TEXTO
ERIK PHILIPP E RICARDO LEITE

PROJETO GRÁFICO
BRUNO VALENTIM E RICARDO LEITE

MARCA RIO450
CRAMA DESIGN ESTRATÉGICO

COMITÊ RIO450
MARCELO CALERO, ISABEL WERNECK, RAFAEL SENTO SÉ, JORGE AUGUSTO GAZETA DE MENDONÇA, TANIA DE FARIA PEREIRA, ELISAMAURA BARBOSA TANOUS, FLAVIO FARIA, ADRIANA SOUZA, FLÁVIA PIANA, ANDREIA LOPES, LARISSA BARRETO, ISABEL MUNIZ, RAFAEL CARDOSO, RODRIGO ARNAUT SCHWARTZ, FELIPE COSTA

EQUIPE DE CRIAÇÃO DA MARCA RIO450
RICARDO LEITE – CEO
THEIZA CONTE PAIVA – Diretora de Planejamento

HELENA GUEDES – Gerente de Criação
PAULA DAMAZIO – Gerente de Comunicação
MARCOS FONTONIO – Designer Gráfico
TASSO CANEDO – Inovação e Tendência
NATÁLIA PENA – Gerente de Atendimento e Planejamento
LUCIARA ROCHA GOMES – Gerente de Atendimento e Planejamento
MARCELA LEITE – Motion Designer
THAÍS FONSECA – Diretora de Criação
ERIK PHILIPP – Gerente de Comunicação
ANDERSON RIBEIRO – Designer Gráfico

A CRAMA É FEITA POR:
ANA COTTA, BRUNO VALENTIM, DANIEL PAN, ERIK PHILIPP, FERNANDO PEGORER, JOÃO AUGUSTO LUNA, THAÍS FONSECA
ANA CAROLINA PEREIRA, ANALUIZA WALDMANN, ANDERSON RIBEIRO, BRUNO FLORES, BRUNO GALLO, CLAUDINE MORIYA, COSME GAUZE, CRISTIANE PARANHOS, ÉRICA MIKI YAMAGUCHI, ERICA OLIVEIRA, FLAVIA AMOEDO, ISABELA ABREU, JULIANA BEZERRA, MARCELA LEITE, MARCOS HENRIQUE CASTELLO BRANCO, MARIA CAROLINA DE ALMEIDA, OLIVIA ESTRELLA, PAULO HENRIQUE DA SILVA, PEDRO PASSOS, TAINÁ CORONGIU, TAÍS GOMES E VERÔNICA BEZERRA

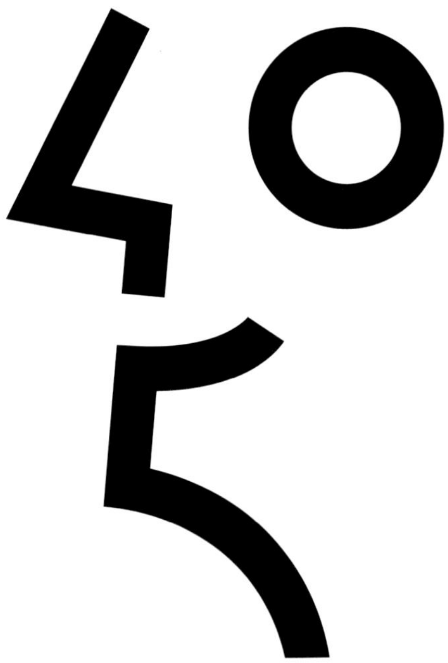

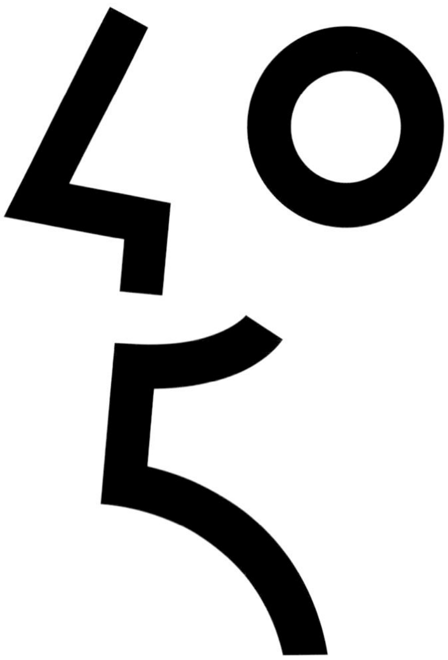

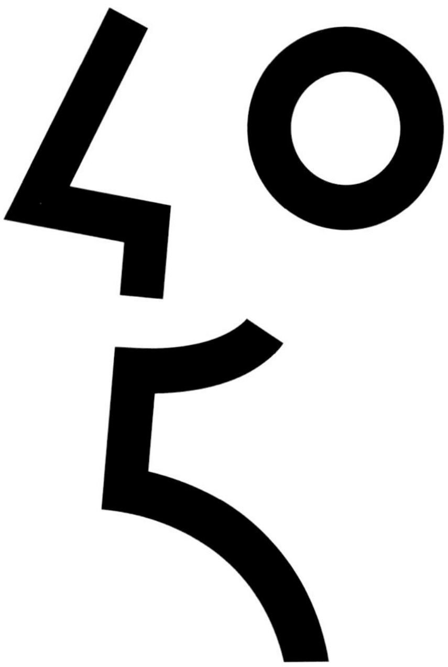

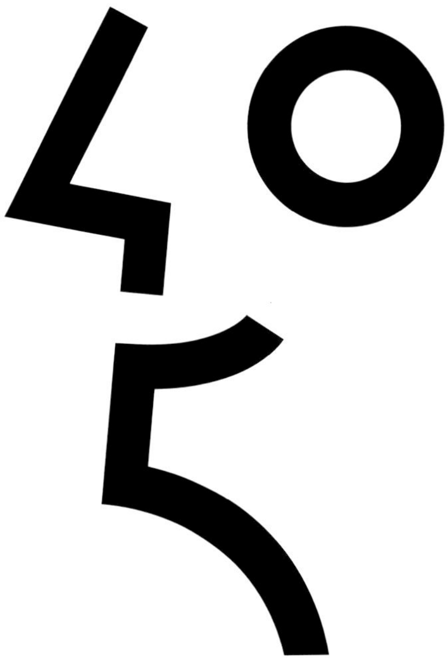

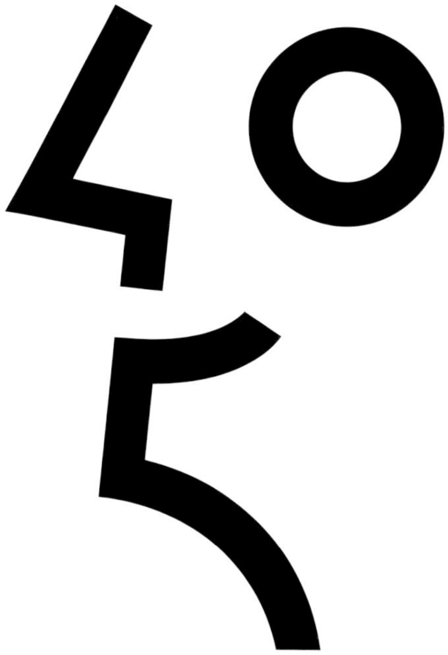

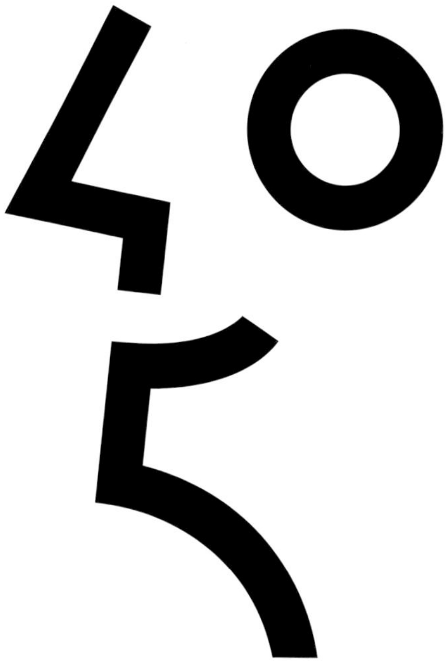

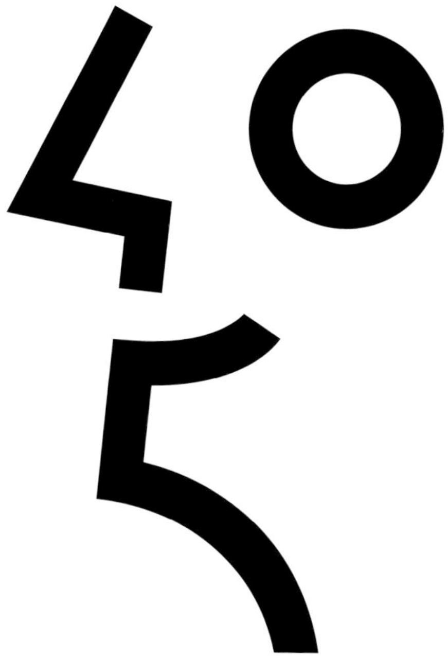

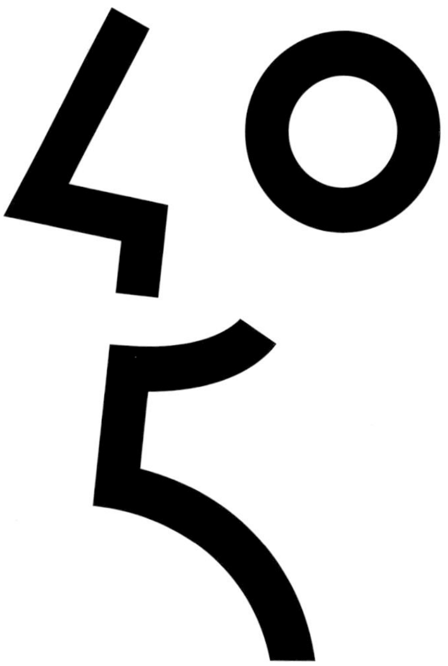

A **Editora Senac Rio de Janeiro** publica livros nas áreas de Beleza e Estética, Ciências Humanas, Comunicação e Artes, Desenvolvimento Social, Design e Arquitetura, Educação, Gastronomia e Enologia, Gestão e Negócios, Informática, Meio Ambiente, Moda, Saúde, Turismo e Hotelaria.

Visite o site **www.rj.senac.br/editora**, escolha os títulos de sua preferência e boa leitura.

Fique atento aos nossos próximos lançamentos!

À venda nas melhores livrarias do país.

Editora Senac Rio de Janeiro
Tel.: (21) 2545-4927 (Comercial)
comercial.editora@rj.senac.br

Disque-Senac: **(21) 4002-2002**

Este livro foi composto na tipografia Helvetica Neue, por Crama Design Estratégico, e impresso pela Coan Indústria Gráfica Ltda., em papel *couché mate* 170 g/m^2 para o miolo e 150 g/m^2 para a capa e sobrecapa, para a Editora Senac Rio de Janeiro, em dezembro de 2015.